「計画力」を強くする

あなたの計画はなぜ挫折するか

加藤昭吉 著

ブルーバックス

カバー装幀／芦澤泰偉・児崎雅淑
カバーイラスト／北見 隆
目次・見出しデザイン／工房 山﨑
本文図版・イラスト／さくら工芸社

はじめに

世の中が多様化するにつれて、仕事や人生設計などについて考えていることを実行しても、なかなか思うように事が運ばない、とこぼす人が多くなってきたようです。

これは、考えていることが間違っているか、実行の方法が誤っているかです。あるいは、その両方に問題があるのかもしれません。

自分が考えていること、つまり構想を実現するためには「計画力」が必要です。計画力とは、構想を実現するためにどのように計画するかという思考力と、その計画を遂行する実行力を総合した力と考えられます。

したがって、これからの時代を生き抜くうえで、計画力の強化は、誰にとっても大切な課題になってきました。とりわけビジネスマンにとっては切実なものになってきています。

ＩＴ化は、私たちの知識を豊かにし、暮らしを便利にして、時間を節約できるようにしてくれます。しかしＩＴ化がどんなに進んでも、それ自体は私たちに何もさせることはできません。私たちの行動は、情報や時間を自分なりに編集して計画化する、各人の計画力に頼るしかないからです。

しかし、このことを私たちは日頃あまり意識していません。計画的思考は、私たちが生まれつき身につけている思考様式だからです。事実、私たちがもっとも頻繁に頭を使っているのは、物事をいかに計画的に運ぶかに関してなのです。

ところが、便利で安心して暮らせる成熟した社会は、人間が人間として生きるために受け継いできた、この計画的思考を退化させてしまいます。まさに「禍福は糾《あざな》える縄の如し」です。そこで、もっと堅実な計画立案とその実行に繋がるヒントを提供したいということで、本書を上梓することにしました。

今やビジネスの世界では、利益の源泉は物的資本力ではなく、他との異差性を創造し、拡大できる力に代わってきています。この力こそ「計画力」です。したがってご自身の計画力をきちんと見直して一段と強化しないと、ビジネスの世界で生き抜くことはできません。「仕事のできる人」というのは、計画力のある人といっても過言ではないでしょう。

さらにもう一つ本書を上梓した目的があります。私は一九六五年に、ＰＥＲＴという優れた計画手法を紹介した『計画の科学』をブルーバックスから刊行しました。それによってこの手法は日本にも普及したと思われます。しかし今日に至るまで、こうした手法が本当の意味で日本に定着したとは思えません。もともと手法は思想と実践の所産です。したがって手法ばかりが一人歩きして、その背景にある考え方が理解されなければ、本当の意味で定着したとはいえません。

そこで本書では、物事を計画的に考えて、それを実行するときのヒントを提供するとともに、その背後にある考え方も述べてみました。

また人生は、それぞれの節目で重要なサブプロジェクトを抱えた、一生という時間軸に沿った一大プロジェクトと考えられます。したがって自分の人生は、自分自身がプロジェクト・マネージャーとしてマネジメントしていかなくてはなりません。そういった視点から、プロジェクト計画やプロジェクト管理といった問題にも紙幅を割きました。

また若い人たちが将来を切り拓く計画を練る場合や、シニア世代がこれからの人生設計を実行に移す場合にも、それなりのヒントが得られるように心がけて執筆しました。

本書が読者のみなさんの計画立案と実行に、少なからず役立てば、著者としてはまことに幸甚に存じます。

末尾になりましたが、堀越俊一氏をはじめブルーバックス出版部には、本書の出版に際して長い間ご尽力いただいたことを深く感謝致します。

二〇〇七年五月　　加藤昭吉

「計画力」を強くする――目次

第3章　目的・目標をどう扱うか――67

第4章　目的・目標を実現する計画をどう作るか――83

第5章　プロジェクト・マネージャーに求められること——131

第1章

"計画力"とはいったい何か

生きるための能力

私たちの人生は、大、小とりまぜて考えたことを首尾よく実現できるように計画し、実行に移すことの連続です。しかし、私たちはそのことをあまり自覚していません。計画的に物事を運ぼうとする〝計画的思考〟は、人類が長い進化の歴史を通して自然に獲得してきた思考様式だからです。

私たちヒトは、およそ七〇〇万年前にチンパンジーと共通の祖先から枝分かれして、ヒトとしての進化の道を歩み始めました。ただし、その進化のきっかけが何であったかはよく分かっていません。そのためにさまざまな仮説がありますが、人類学者のブランブルとリーバーマンが二〇〇四年一一月に科学雑誌の『ネイチャー』で、「持久走を始めたことがヒトを進化させた」という新説を発表して注目を集めています。

チンパンジーや猿人とヒトの骨格を比べると、二〇〇万年くらい前から持久走ができる骨格に変わっているそうです。そこから「チンパンジーや猿人は足が遅かったが、ヒトは肉食獣が走って行った後を持久走で追いかけていけば、その肉食獣が獲物を食べている所へ行って肉を横取りできた」というのがこの新説の柱です。

さらに大脳生理学者の久保田競氏によると、ヒトの脳の前頭葉が発達したのは、こうして走り始めたのがきっかけだったそうです。

私は脳や進化学の専門家ではないので、ここからは単なる憶測ですが、私たちの祖先は、肉食獣の獲物の横取りをしたりおこぼれを頂戴しているうちに、自分たちの力で何とか獲物をとりたいと思ったに違いありません。

しかしその頃の狩りは、アフリカのサバンナに生きる四足動物との、ある場合には命を懸けた戦いでした。そのためには罠や落とし穴を設けたり、足の速い大型動物は沼地に追い込んで射止めるなど、それなりの段取りや手順が必要になってきます。

こうしてヒトは、より頭を働かせる必要に迫られて、効果的な段取りや手順を工夫すると、よりよい結果が得られることを知ったはずです。そしてそのことがさらに脳を活性化させて、進化の道を歩み始めるきっかけになったと、私は考えています。つまり私たちの脳には、生きるために必要な段取りや手順を考える思考回路が、こうした長い人類の歴史を通して刷り込まれているのではないでしょうか。

人間は計画する葦である

その証拠に、たとえば赤ちゃんをベッドにはわせて、敷布の上の手の届かないところにオモチャを置くと、敷布を自分の方へ引いてオモチャを近づけてから手を伸ばします。

あるいは目玉焼きを作るときには、まずフライパンと油を用意し、ガスコンロに点火したらフライパンを温めて……といった段取りや手順を、普段はあまり意識しないでやっています。ところが年をとるにつれて、こういった段取りや手順が踏めなくなってしまう人がいます。認知症の兆候として、記憶力の減退よりも、こうした普段無意識にできていた段取りや手順が分からなくなることのほうが重要なのだそうです。計画的思考という脳本来の機能が発揮できなくなっているとみられるからです。

つまり私たちヒトは「こうなりたい」「こうしたい」という目的を達成するために必要な段取りや手順を探って計画を練り、それを実行するという思考回路を生まれつき持っているのです。

ちなみにチンパンジーはどうでしょうか。これについては次のような有名な実験があります。天井からチンパンジーの好物のバナナを吊るし、部屋の片隅に長さの異なる棒を何本か置いておきます。この部屋にチンパンジーを入れます。チンパンジーはバナナを取ろうとしますが、どうしても手が届きません。そのうちに部屋の片隅の棒に気づき、その棒を使ってバナナを取ろうとします。けれども棒が短くてバナナまで届かないので、次はまた別な棒を持ってきて同じことをします。――こうした試行錯誤を何回も繰り返した後に、やっとバナナを取ることに成功します。

これがヒトなら、最初から天井に届く長さの棒（手段）を選べるのに、チンパンジーにはそういった適切な手段が選べません。「棒」と「バナナを取る」という行動を関係づけることができるので、チンパンジーにも思考力があることはたしかです。しかしヒトのように次にとる行動を予想して適切な手段を選ぶところまではいかないのです。

つまり計画的思考は、私たちヒトだけが持っている能力であることが分かります。人間は計画することができる唯一の動物で、パスカルの至言「人間は考える葦である」にならえば、「人間は計画する葦である」といえます。

計画し実行する力

では計画を立てるというのは、具体的にはどういった行為なのでしょうか。

「計画とは何か」についてはいろいろな考え方がありますが、ここでは「目的・目標を実現するために構想を練り、その構想を具体化するために必要な段取りや手順を考えること」とします。

〝目的〟とは、「こうしたい」とか「こうなりたい」と考える最終的なゴールです。また〝目標〟とは、そこへ到達するために必要な通過点と考えてください。「段取り」は職人言葉が一般化したもので、目的・目標に近づくための作業の下準備をいいます。そして作業の合理的な配列が「手順」です。

たとえば転勤が決まったら、新任地での楽しい暮らしが家族の「目的」になります。そうするとまず新しい住まいをみつけるのが「目標」になります。そのための家探しや引っ越しの下準備などが「段取り」で、それらをどのような順序で、いつまでにおこなうかを決めていくのが「手順」となります。

さらに、どんなに立派な計画でも、その通り実行されなければ何の意味もありません。夏休み前に立てた立派な計画が文字通り計画倒れになることはしばしばあります。

そこで「優れた計画を立案し、その通りに実行したり実行させる能力」を「計画力」とよぶことにします。

衰えた計画力

ここまで述べてきたように、計画力は私たちが本来持っている力です。しかし最近、この力が

現代人は計画力が衰えている

衰えた人が増えているようです。読者の皆さんの人生計画や会社で取り組んでいるプロジェクト計画は、果たして順調に進んでいるでしょうか。夏休みの過ごし方の計画すら、終わってみれば満足な結果でないことが珍しくないでしょう。

このように私たちの計画力が衰えたのは、豊かな暮らしになると体脂肪がたまって健康に問題のある人が増えるのと同じように、便利な世の中になって、自分で物事を考えたり計画する機会が少なくなったためかもしれません。

考えたり計画したりするという人間としての原点を忘れると、体がそうであるように、思考力もバランスを失ってしまいます。

ちなみに「指先を使っている人は脳が衰えない」とか「簡単な計算や音読で脳の老化を防止できる」とかいわれます。しかし腕力や腹筋だけを鍛えても身体能力全体が向上するとは限らないように、脳の特定の働きだけを強くしても、〝脳力〟そのものの向上には繋がらないのではないでしょうか。

脳は、五感で受け取るさまざまな刺激を処理して、生きていくために必要な行動の指令をアウトプットする器官です。指の運動や計算、音読といった脳の限られた機能の訓練よりも、計画的思考のように脳本来の機能をフルに発揮させる頭の使い方を心がけるべきだと思います。

それから、計画と聞くと「世の中が激しく変わる時代には、むしろ融通が利かなくなって不利だ」と思っている人もいるでしょう。しかしそれはまったくの誤解です。むしろ不確実性が増してきている現代こそ、計画という物差しを持たないと、変化の谷間へ押し流されてしまう危険性があります。

「中流とは自分の人生を計画的に生きられる人のことだ」といったイギリスの社会学者がいます。だとすると今の日本で〝中流以下〟の人が増えてきているのも、私たち日本人の計画力が衰えていることの表れなのかもしれません。

中流とは、豊かになりたいという意欲があって、自分の人生のゴールをイメージでき、それに向かって生活をコントロールできる「計画性のある人」のことです。したがって「中流以下」の人とは、収入が多い少ないではなく、自分の生活設計を将来と関連づけて捉える「計画感覚」をなくした人といえます。

さらに最近では、必要以上に不確かさやリスクをこわがって、最初から腰が引けている計画が少なくありません。「失敗しないマイホーム計画の進め方」とか「失敗しないダイエット計画」といった見出しをよく目にします。でも、最初から腰が引けていては、あまりいい知恵は出ません。失敗を恐れていては、新しいことにチャレンジする意欲も湧かないでしょう。

もちろん本当に危険な状態のこともありますが、多くの場合はいたずらに恐れているのです。あるいは、本当は乗り切る力があるのに、自分には力がないと思い込んでいるのです。

そもそも計画とは未来に関わることです。未来には不確かさからくるリスクがつきものです。したがって計画的思考は、最初から不確かさを敬遠して安全に歩くための思考ではありません。不確かさやリスクと上手に折り合いをつけて生きていくための知恵でもあるのです。

達成感の正体

脳にはまだ分からないことが多いのですが、「脳の快楽とは、何かを成し遂げたときの喜びで

苦しさに耐えて頂上をきわめたとき、何ものにも代えがたい達成感が得られる。1995年5月、チョモランマ北東稜からの初登頂に成功した日大登山隊。 ©共同

ある」という脳科学者もいます。「こうしたい」とか「こうなりたい」という欲求（目的・目標）が達成されると、ドーパミンという物質が脳内に放出されるのです。この物質が放出されると私たちは快感を覚え、この快感が次の行動への意欲をかきたてます。

たとえば登山でも、苦しさを辛抱して頂上をきわめたとき、ドーパミンが放出されて何物にも代えがたい達成感が得られます。勝負事がすたれないのも、勝ったときに味わえる喜びがあるからで、それは何かを成し遂げたときと同じ脳の快楽体験なのです。目標にしていた五〇〇〇万円の貯金を達成できた人は、喜んでその額を六〇〇〇万円に増やそうと努力するでしょう。「書けば書くほど書きたくな

る」といった作家がいますが、一つの作品を書き上げると、次はもっとよい作品を書こうと意欲を燃やすのが人間です。

また不確かな状況に直面すると、私たちの脳には、計画を達成したときと同じようにドーパミンが放出されるそうです。

これは、太古には生きていくことが危険と直結していたからではないでしょうか。自分よりも強い獲物を相手にしたその頃の狩りほど、不確かでリスキーな行為はありません。しかしこの状態を楽しめるくらいにならないと、狩りは続けられず、生きていくことはできません。「リスク」の語源が「その日の糧を稼ぐ」というアラビア語からきているという説があるのも、そのへんの事情を反映してのことでしょう。

実際、最近の脳科学の成果によると、うまくいくかどうか五分五分のときに、私たちはもっとも「やってみよう」という気持ちになるといいます。したがってある程度の不確実性は、むしろ計画を実行する気力を生むものととらえるべきでしょう。

第2章

あなたの計画はなぜ失敗するか

計画が失敗する九つの理由

前章で私たち現代人は〝計画力〟が衰えていると申しました。では、その衰えた計画力を鍛えなおすにはどうしたらいいでしょうか。それにはまず、自分の計画が失敗する理由を知る必要があります。私は次の九つがその主な理由だと考えます。

計画の立案段階での理由

1 計画の目的・目標がはっきりしていない。
2 頭の中だけで組み立てた計画になっている。
3 状況判断を誤って計画している。
4 目先の問題解決を積み重ねただけの計画になっている。
5 複数の計画案の中から選び抜かれていない。

計画の実行段階での理由

6 計画通り実行する熱意に欠けている。

7　計画実行の勘所をはずしている。
8　〝終わり〟からの逆算ができていない。
9　計画の適切なフォローアップができていない。

逆にいうと、これら九つのことが満たされていれば、計画の成果はかなり高い確率で期待できるはずです。そこでこの章から、それらの問題点をもう少し詳しくみていきましょう。

計画が失敗する理由　1

計画の目的・目標がはっきりしていない

日本人の口癖「とりあえず」

これは私が建設関係の仕事でエジプトのカイロにいたときの話です。
日本から届いた建設機械の英文の説明書をエジプト人のスタッフに手渡し、読んでおくように指示しました。すると彼から「ボスはこれを読んでどこか分からないところがあったのですか？

それとも、私に英語の勉強をしておけということでしょうか？」ときかれて「おや？」と思ったことがあります。

エジプト人のスタッフには、何のために読むのかが重要だったのです。彼らには、私たち日本人のように、とりあえず読んでおくという発想はありません。

またアメリカの事務所に友人を訪ねたときに、こんな経験をしました。

事務所の入り口に置かれたコンピュータの端末を操作しようとしたら、作動しないので戸惑っていました。すると近くを通った女性が「あなたはこの端末で何をしたいのですか？」と聞いて助けてくれました。これが日本なら「何か分からないことがありますか？」と聞かれたに違いありません。

どちらの場合にも、彼らがはっきり〝目的意識〟を持っていることが分かります。これに対して私たち日本人は、すぐ「何をどうしたらいいか」といったほうへ頭が行ってしまい、目的とか目標をさほど意識しません。

たとえば夏休み中の計画を立てるときも、「今年の夏休みは自分にとってこんな時期だから、是非ともこういった夏休みにしたい」といったようなことはあまり深く考えずに、すぐに勉学や旅行などのスケジュールを練り始めてしまいます。

あるいは高校や大学へ進学するときも、「何のために、何を学びにこの高校（大学）へ行くのか」と考えるより、親にいわれたから、友達が行くから、自分の実力で受かるレベルだから、といったような理由で志望校を決めることが多いようです。さらに就職さえも、自分の人生の大切なステップというよりも、とりあえず入社できるところに、という人が少なくありません。

またこんな話も聞いています。ある会社で伝票システムがオンライン化されましたが、トラブルが続出して現場は混乱し、オンライン化担当者にクレームが殺到しているそうです。

もちろんある程度の初期トラブルは避けられません。しかし話を聞くと、そもそも「何のためにオンライン化するのか」ということがまったく伝わっていません。何となく「今は伝票もオンラインの時代だから」という雰囲気だけで始まったのでは、現場の人たちに「切り替えよう」という意欲が湧きません。

農耕民族の性癖

私たち日本人はとくに目的意識が希薄なようですが、これは日本人の歴史的生活背景からきていると思われます。

欧米の歴史的生活背景にある狩猟・採集文化では、どんな場合でも目標がはっきりしていなく

農耕民か狩猟民かという歴史的生活背景が、目的・目標に対する意識の差になっている。 ⓒ共同

ては獲物を手にできません。どこに、どのような目標を選ぶかで、成果はゼロにもなるし予想を上回ることもあります。また、目標に向かって最善のルートで近づくことが要求されるので、目標に到達するための手段や方法の論理が欠かせません。

そのため欧米の人たちは、どんな場合でも目標がはっきりしていないと気がすまないようです。

これに対して私たち日本人は、農耕文化の影響を強く受けて育ってきました。農耕の場合は、単位面積当たりに投入する労力と収穫の間にほぼ比例関係が成立するので、目的や目標をそれほど強く意識する必要がありません。私たち日本人が「とりあえず、できることから始めよう」ということになりやすいのはそのためではないかと思われます。

ところがこういった物事の考え方や進め方は、重要なことを成し遂げようとする場合には、順序が逆です。目的がはっきりしなければ、優れた計画を作ることはできません。

どんな目的でどこへ行くのかはっきりしなければ、どんな交通手段で、どんな服装で行くのがいいかを決めることはできません。何のためにオンライン化するのかが明確でなければ、どのようなシステムがよいのかは決められないはずです。

計画が失敗する理由　2

頭の中だけで組み立てた計画になっている

いじめやそれによる自殺、必修科目の未履修問題、教育基本法改定など、このところ教育をめぐる問題が目につきます。現場の先生方はさぞかし苦労されていることでしょう。そんな折にこんな川柳があるのを知りました（『朝日新聞』二〇〇六年一一月二六日『あんてな』欄）。

文科省　一回現場で　やってみれ

教育行政の中心をになう文部科学省の幹部候補生の多くは、三〇歳を過ぎる頃に県や大きな市の教育委員会の課長職を経験します。しかし教育現場に立つことはありません。つまり教育の実体験のない人が教育行政の計画を立案しているわけです。

そんな人たちが組み立てた教育計画に振り回される現場の先生方の思いが、この川柳にはこめられているのでしょう。

先ほどお話しした、ある会社の伝票オンライン化についての現場からのクレームも、実務で使おうとすると不都合なことばかりだそうです。

現場での伝票処理の実態は多種多様です。しかしオンラインは原則的な考えで構築する、ある意味で単純化されたシステムになっています。そのため現場の実情とズレてしまっているのです。

実務家が、学者や評論家の意見を聞いていて「どこか違うな」と感じるのも同じです。

計画が挫折する大きな原因の一つは、現実から遊離した計画になっている場合で、これは至るところでみられます。

たとえば企画段階や受注段階で作られた計画は、実際に生産したり販売したりする人たちにとっては現実離れの傾向が強くなります。ところが組織の中では、しばしばそういう計画がそのまま決裁されてしまうので、現場は、無理な条件で取り組まざるを得なくなります。その結果、無理やクレームが続出してくるのです。

　いくらインターネットで調べたり当事者の話を聞いたとしても、現場に身を置かない企画担当者が立案した計画は、程度の差はあっても現実とのズレが避けられません。

計画が失敗する理由 3

状況判断を誤って計画している

目的・目標は状況しだい

「こうしたい」とか「こうなりたい」という目的や目標は、周りの状況（外的状況）と自分自身の状況（内的状況）をどう認識するかで決まると考えることができます。

　たとえば現在の経済情勢をデフレと認識している人は、借金してまで家を買おうとは思わないでしょう。あるいは、今は右肩上がりの時代とは違って、会社に一生を託せる時代ではないと認識している人は、会社とはあくまでも自分の能力アップに利用するところと考えて、転職を目標にするかもしれません。「最近の市場の状況は、買いだ」と読む人がいる一方で、「最近の動きを見ていると、売りだ」と読む人がいるので株式市場は成り立っています。これから嵐になるというときには外へ出ようとは思わないし、登山の経験がまったくないのにエベレスト登頂を目指す人はいないでしょう。

孫子の兵法には「彼を知り己を知れば百戦殆《あや》うからず」とあります。「彼」は問題の外的状況に、「己」は自分の側の内的状況と置き換えることができます。

内外の状況認識を誤ったために失敗した経験はどなたにもあるでしょう。歴史に遺るこの種のミステークには、アメリカのベトナム戦争が挙げられます（イラク戦争もそうかもしれません）。当時のアメリカ国防長官だったロバート・マクナマラは回顧録の中で「アメリカは当時の状況を完全に読み間違え、ベトナムの共産主義運動を民族運動と見ず、アジアの制覇を目指す共産主義者たちの一枚岩の突進と認識してしまった」と述べています。

あるいは、リストラ（リストラクション）というと日本では人減らしの代名詞になっています。収益悪化という内的状況だけを対象にして、当面の問題解決策に走ってしまうからです。

本当のリストラは「これから世の中の状況はこう変わるとみられるので、当社は五年後の売り上げを、これくらいの人員でこの程度に伸ばさないと生き残れない。よって当社のあるべき姿はこうなるので、今年度からはこうしたい」と、内外の状況を正しく認識した上で行うべきことです。

状況の三重構造

しかし、そこにある現実を、囚われず、偏らずに捉えるのは、決してたやすいことではありません。現実はピカソの絵のように複雑怪奇で、正面から見る顔は笑っているのに、横顔は泣いているように見えたりして、一筋縄では正しく認識できません。

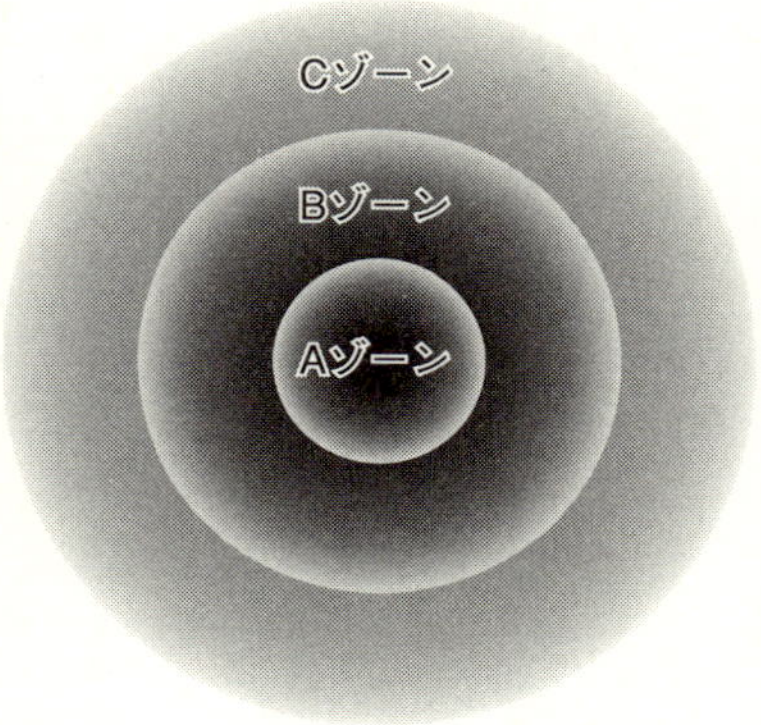

図2-1　人を囲む“状況”の3重構造

状況は一般に同心円的構造を持った、ある種の場を形成していると考えられます（図２-１）。

Ａゾーンはもっとも身近な状況で、体験や五感を通して直接確かめることができる領域です。これに対してＢゾーンは、主として間接的な情報によって私たちの頭の中につくられる状況です。

そしてＣゾーンは、Ａ・Ｂ両ゾーンの状況をもとに想像することができる状況を指しています。

したがって私たちが関わりを持っている状況は二つあることになります。一つは物理的に直《じか》に接することができるAゾーンの状況で、もうひとつは主として間接的な情報によって頭の中に構築されるB・Cゾーンに属する〝つくりものの状況〟です。

また状況のどこまでを考慮の対象にできるか、あるいは対象にするかは、問題の性格とその人の記憶の内容によって異なってきます。たとえば子供の頃に暗がりを歩いていて石につまずいた人は、それ以後は道を歩く場合には、〝暗がり〟を考慮の対象にしなければならない状況として認識するようになるでしょう。

このように、人間は経験から得た知識を積み重ねて、自己の意識が及ぶ範囲を拡大していきます。そして自分のとる行動が不利とならないように予測力を働かせて、認識できる状況の領域を次第に広げていきます。

「あるがままに見る」むずかしさ

こう書くと、いかにもAゾーンの状況こそが正しい状況で、何でも直接、自分の目で見たり、自分で経験したりしたものだけを信じるべきだととられるかもしれません。しかしこの問題はそれほど簡単ではありません。

〝見る〟の背後には、そう見させる〝心〟があります。そしてその心は、相反する情報には拒否反応を起こして、時にはその事実に最初から近づかないようにさせるかもしれません。

たとえば技術や研究開発の分野でも、他社がうまくいっている事例や情報に接すると、「うまくいくはずがない」といった反感めいた感情が働くので、適切に評価できないことがあります。

あるいは日本へ来た外国人旅行者の中には、「東京は本来の日本ではない」といって京都や奈良へ行きたがる人がいます。そして実際に京都や奈良へ行って、何となく日本が分かったような気持ちになって安心してしまう人もいます。

このように現にあるものを「あるがままに見る」ということは、じつはたいへんむずかしいことで、私たちは状況判断を誤り、その誤った判断の下に計画が立案されてしまうのです。

計画が失敗する理由　4

目先の問題解決を積み重ねただけの計画になっている

日本的計画立案法

当面の問題に一つずつ対応し、それを積み上げるというやり方は、理解しやすいために日本で支配的になってしまった計画立案の方法です。

このような計画はさまざまな問題にいちいち対応できていて、一見、上手く作られているようにみえます。しかしいうまでもなく、このようなやり方では本質的な問題が置き去りにされてしまって、部分的な成果は期待できても全体的な成果は期待できません。そのため部分で勝っても全体で負けてしまうケースが多くなります。

たとえば日本では、この二〇～三〇年間に計画された構築物の一つ一つを見るとずいぶん立派なものができています。しかし街全体、さらには国全体がよくなったという話はあまり聞きません。

オーストリア人のコリン・ロスは『日中戦争見聞記』（金森誠也・安藤勉訳）の中で、一九三九年当時の「日本の経済危機の本来の理由は、日本人がもろもろの根本的決意、決定を、最後の瞬間まで回避していることである」とし、「日本人は当座の間に合わせに終始する民族である」と続けています。

この本は七〇年近く前の刊行ですが、残念ながら私たち日本人の計画には今も同じ感想を持たれそうです。

常に全体像の中で部分を捉えること

全体の中で部分を捉えること

部分と全体に関しては、中国の古い話に、彫刻の心得について心すべき話が残っています。

「彫刻する時には、鼻は大きいほど、そして目は小さいほどよい。大き過ぎる鼻は小さくできるが、小さ過ぎる鼻は大きくできない。また、小さ過ぎる目は大きくできるが、大き過ぎる目は小さくできない」

「よい形の鼻に仕上げよう」「きりっとした目に仕上げよう」という思いだけで彫り上げると、どんなによい形の目鼻ができたように思っても、顔に比べて見ると小さ過ぎる鼻や、大き過ぎる目だったりしかねません。

この話は、身近な例で部分と全体の関係を見事に捉えています。

人間は分析能力だけでなく、全体の文脈（状況）を直観する能力を持っており、この種の勘を「鳥カン」と呼びたい。ところが私たち日本人の勘は、局所的、部分的な状況に鋭く働く「虫カン」です。虫カンは、全体を俯瞰して本質がどこにあるかをとらえる鳥カンと異なりますから、注意しなければなりません。全体の枠組みが動き出すと、虫カンの働きでは「甚だしい力」にはならないからです。

独特の風格で印象に残る将棋の升田幸三さんは、次のように述べています。

「たまに外国人と碁をうったり将棋を指した感じでは、どうも外国人は部分観で損をしても総合力を生かす力をもっているように思う。日本人だと、部分、部分にすばらしい力を出すことはあっても、調和観で負けている。定跡通には部分にとらわれやすいという悪いくせがある。その部分が優勢だとなると、あまり掘り下げて読みもしないで定跡通りに押し切る。ところが、その部分はたしかに優勢にちがいないんだが、全局的にみると不利だってことはよくある」

こういったことは身近な問題でもいえることです。私が知っている子育て真最中のあるお母さんが、こんな感想をもらしていました。

「確かに保育園に子供を預けて働くのは忙しいです。それでもスケジュールを立てているときは楽しいし、しかもその通りにいった日はとても幸せです。でも最近、当面はこれでいいかもしれないけど、子供が二歳以前には、週に一日だけでも一対一で面倒を見てくれる人に預けるべきではないかと、思うようになりました。人生の最初の一年間は、子供を両親か非常に親しい親族以外に預けるべきではない、という心理学の先生もいます」と。

子育てには、子供の感性や性格形成にとって、その時期をすぎると遅すぎる、というクリティカルな時期があります。このお母さんはそのことに気づいたのです。当面の問題解決に重心を置きすぎると、この大切な時期を見過ごしかねず、長い人生を通してみると、自分や家族の幸せに繋がるとは限らないのです。「部分でよいことは〝見えざる手〟によって、やがて全体にとってもよいことになる」という神話を、いつまでも信じるわけにはいきません。

計画が失敗する理由　5

複数の計画案の中から選び抜かれていない

計画案は複数提案する

〝オルタナティブ（alternative 代替案）〟という言葉には、私にとってことのほか深い思いがあります。

それは三〇代の初めに会社から勉強に行かされたアメリカのコンサルタント会社で、次のような経験をしたからです。

あるとき私のボスに、ある件に関して計画を作るように命じられました。もちろん私は期日までにきちんとした計画を持っていきました。けれども私の計画に目を通したボスは「計画はこれだけかね。日本人は勤勉と聞いていたのに、君は意外に怠慢だね」という一言を残して席を立ってしまいました。

期日までに立派な計画を提出したのになぜ怠慢といわれたのか、私には理由がさっぱり分かりません。そこで席に戻って同僚に聞いてみると、こんな答えが返ってきました。

「君は計画を一つしか作らなかったようだね。僕ならこういった課題にはあと二つくらいオルタナティブを持っていくよ」

「なるほど」と思った私は、大急ぎであと二つ計画案を作っていきました。

そして二つの計画案について概略の説明を終えた後、多少ムシの居どころが悪かった私は「やはり最初に提出した計画が一番いいと思います」と付け加えました。すると私のボスは「どの案がよいかは、君ではなく僕が判断するから心配しなくていいよ」と笑っていました。

私はそれ以来、計画には複数の計画案の中から一つを選ぶ、「計画の選択」という大事なプロセスがあって、この段階で計画は大きな勝負がついてしまうことを自覚するようになりました。たとえばあるプロジェクトを数グループにそれぞれ計画させれば、十人十色の基本計画ができてくるでしょう。しかし実際に実施されるのはその中から選ばれた一つだけです。したがってこのプロジェクトの成果は、どの案を選ぶかで大きな勝負がついてしまいます。

住まいの長期計画

私たち日本人は、一つの計画を作成すると、あるいは一つの手段や方法をみつけると、その他の可能性を探らなくなってしまいがちです。また専門家に計画案を示してもらう場合でも、最初から複数の計画案を示してもらうつもりがなく、一つの案を示されるとそれをそのまま信じてしまいます。

目的・目標を達成するのに、ただ一つの道しかないと考えてしまうのは間違いです。手を伸ばせばすぐ手の届くところに、より優れた計画案（オルタナティブ）があるかもしれません。

たとえば自分の家を持つという目標を実現しようとする場合でも、マンション（集合住宅）にするか戸建てにするか、それとも定期借地権付きの建売住宅にするか、といったような複数の案

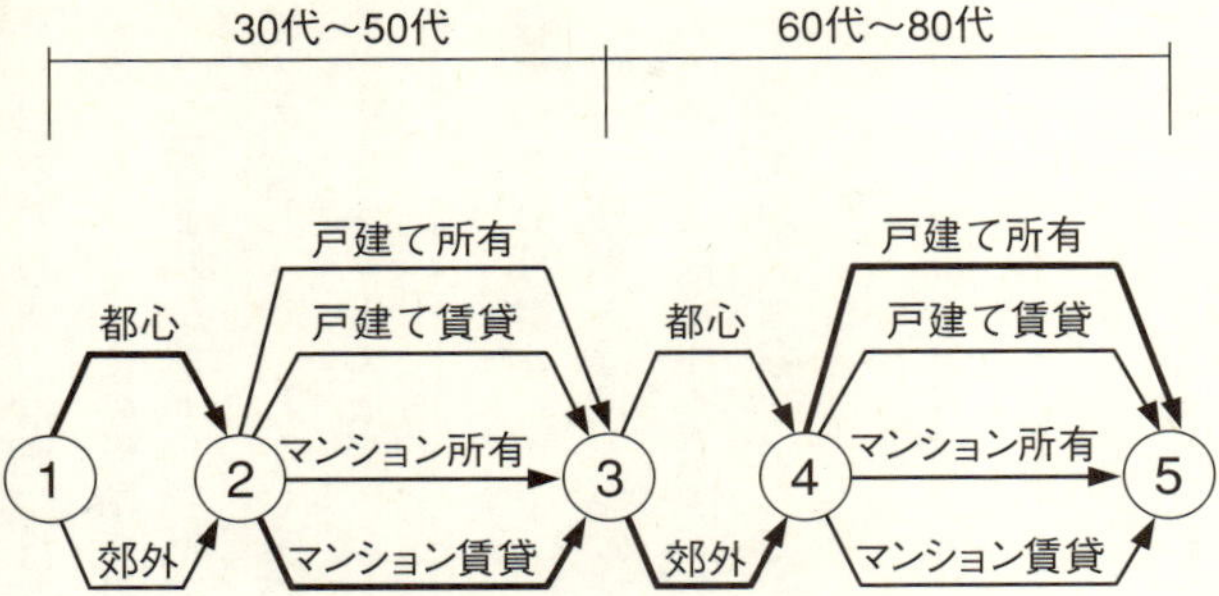
30代〜50代
60代〜80代
戸建て所有
戸建て賃貸
都心
マンション所有
郊外
マンション賃貸
戸建て所有
戸建て賃貸
都心
マンション所有
郊外
マンション賃貸
1
2
3
4
5

（注）経路の数は全部で64通り（2×4×2×4＝64）

図2-2　住まいの長期計画案

が考えられます。さらに「所有」でいくか「賃貸」でいくかという選択まで加えると、考えられる案はかなりの数になってくるはずです。

こうした場合には図2-2のような図を描いてみると、全部で六四通りもの案があることが分かります。そして、たとえば太線の経路を選べば、三〇代から五〇代までは都心の賃貸マンションに住み、定年が近くなった六〇代に郊外に移って戸建て住宅を建てる計画を選択したことになります。

よい計画とは「複数の計画案を作り、その中から一つを選ぶ」ことで生まれるものなのです。

責任者が選ばなければならない

たとえば家の増改築でA社に相談したところ、注文どおり増改築で案をまとめて見積もりを持ってきたとします。一方、B社に相談すると、増改築は古い部分との取り合わせがうまくいかないことが多いので、多少高くついても新築で計画した方が長い目でみると得になる、といって新築の案を提出してきました。

こうした場合でも、いずれの案を選ぶかは建て主の責任です。もしA社の案を選んで何年か後に古い部分から雨漏りするようなことがあっても、それはA社の案を選んだ建て主の責任と自覚しなければなりません。またB社を選んだ人は、新築でその後は経済的に苦しくても、B社を恨むわけにはいかないのです。

このことは組織の場合でも同じです。計画の結果はあくまでもその計画を選んだ者――多くの場合は上司の責任である場合が多いでしょう。

ところが部下が考えぬいた計画案を持っていっても、上司はなかなか決断してくれません。計画の選択には常に不安や迷いがついてまわるためです。また失敗して自分の責任になることを必要以上に怖がるからです。こうして最後は、無難なだけが取り柄のありきたりな選択・決定しかできなくなって、結果として大きな成果は望めなくなってしまうのです。

そういえば前述のアメリカでの経験を活かして、日本へ戻ってから、ある案件について担当役員のところへ複数の計画案を持っていったことがあります。すると「君のところで一つに絞って持ってこい」といわれて、改めて「ここは日本なのだ」と実感したことを覚えています。

計画通りに実行する熱意に欠けている

熱意は実行力の源

これぞと思う計画を選択したら、次はいよいよ計画の実行です。しかし計画は実際にやってみないと分からないことが多いものです。この〝不確かさ〟という障壁を乗り越えて計画を軌道に乗せるためには、継続力や困難な状態を克服する突破力が欠かせません。計画の実行力は「思いの強さ（情熱）×時間」の関数といってもよいくらいです。

将棋の羽生善治は、将棋のプロになるためには持って生まれたセンスの他に、「どう指せばいいのかわからないような場面に直面したとき、何時間も考え続けることができる力。そして、その努力を何年もの間、続けていくことができる力が必要です」と書いています（『先を読む頭脳』）。

熱意は周囲を変える力がある

サッカー日本代表監督（二〇〇七年四月現在）イビチャ・オシム氏の描く理想の選手像ははっきりしています。「学ぶことをやめない選手」です。

こうした計画実行の持続力は、熱意がないところからは生まれません。また新しい計画を進めようとすると、さまざまな抵抗に遭遇するのが普通です。その壁を突破する力も、熱意がないところからは生まれません。

どんなに立派な受験勉強計画も、やりとげる熱意がなければ実力アップにはつながりません。

ただし熱意を持ち続けることは実はとてもむずかしいことです。『成績が上がる勉強法』とか『月いちゴルフで一〇〇を切る法』などといった本をよく見掛けます。しかし、ウソが書いてあるわけではないのですが、その通りにやってもなかなか上手く行きません。状況は人それぞれに異なっているし、個性もありますから、万人に共通した方法があるとは思えませんが、それでも続けていれば、そのうち自分に合った方法が見つけられると思います。見つからないのは、探す情熱を持ち続けられないからではないでしょうか。

熱意は周囲をも変える

とくに熱意のすごいところは、これによって周囲の状況を変えてしまうほどの力があることです。これは私自身が経験したことです。

まだ三〇代で本社の企画部に在籍していた頃、PERT（Program Evaluation & Review Technique）とよばれる工程管理の手法を現場へ広めようと情熱を燃やした時期がありました。

各支店で技術関係の社員を集めて大がかりな講習会を開かせてもらいました。出席者のほとんどが、それまで使われていた手法よりはるかに優れていることを認めてくれました。その結果、工務部では立派な手引書を作成して現場へ配布し、担当者まで決めてくれました。

ところが現場では、一年近くたっても実際に使われません。土木・建築の工程管理は技術屋さんの経験がものをいう世界です。何年も現場で汗を流して身につけた、工程を上手に運ぶ勘のようなものがあるので、「事務屋風情が外国から仕入れてきた工程管理の手法など、おかしくて俺たちの現場じゃ使えないよ！」といった感じでした。

残念ながら私はこの手法の普及を半ば諦めかけていました。

そんなある日、一人の先輩が「こうなったら君自身が技術屋にできないことをやってみせるしかないね！」といってくれました。そこでダメでもともと考え、この手法の考え方を日本の実情に活かした『新しい計画と管理の技法』と題した論文を、日本土木学会誌に発表してみました。すると驚いたことに、この論文で私が一九六四年度の日本土木学会賞を受賞することに決ってしまいました。

会社内でも話題になり、副社長（土木本部長）に新しい手法がなかなか普及しない状況を説明する機会を持つことができました。

そしてある日、本部長席から連絡があって部屋へ入ると、「すまんが、これから急に出掛けることになったので、君が熱を入れている手法の急所を、私にも分かるように五、六分で説明してほしい」といって私の説明に耳を傾けてくれました。しかし秘書から何度もメモが入って、時間がくるとそのまま部屋を出て行ってしまいました。私は話がそこで終わってしまったので、がっかりして席へ戻りました。

ところが次の週に、全国の作業所長宛に一通の土木本部長通達が出されていました。そこには

「向こう一ヵ月の間に、下記の手法を習得しない作業所長はその職責を問う」とあったのです。私は信じられない思いでその通達文を何度も目で追いました。

その後この手法がどこの現場でも使われるようになったことはいうまでもありません。

この経験は私に、熱意というのは創意を生むだけでなく、時にはまわりの状況すら変えてしまう力があることを、はっきり教えてくれたのです。

計画が失敗する理由 7

計画実行の勘所をはずしている

〝ばら撒き予算〟は不満のばら撒き

海外の被災地に派遣された日本のレスキュー隊員が、外国の医師たちといっしょに救急活動をしている様子をテレビで観たことがあります。日本の隊員はきびきびと動いて頼もしく感じました。ところが最後の場面で、日本の隊員が被災者全員に薬を配って、外国の医師からクレームをつけられていました。「何日か後に確実に死ぬことがわかっている人に対して、なぜ貴重な薬を

津波の被害があったインドネシアで活動中の日本の国際協力機構（JICA）の医師（2005年1月）。後方は引き継ぐ陸上自衛隊員。この種の活動は、きめ細かさだけでなく、重点的な人と機材の投入が必要とされる。　©共同

配るのか」というのです。

私はこの場面を観て、予算には限度があるのに、重要度の強弱を無視して満遍なく財源をばら撒いてしまう日本人に特有の「総花予算」的感覚の根強さを思い知らされました。

私の友人が外資系の企業に転職しました。そしてあるとき、その会社のアメリカ本社から会長兼最高経営責任者（ＣＥＯ）が来日するので、大事なお得意さんを招いてパーティーを開くことになって、彼はそのパーティーの段取りをまかされました。

そこで、彼はかつての会社でやっていたように、関係部門から責任者に来てもらい、何度か熱心に打ち合わせをやっていました。するとあるときボスによばれて、そんなことに

時間を使わないように注意されました。「大筋で話が通じていれば細かいところはどうでもよい。そのときの状況次第で、むしろアドリブがあった方が面白い」というのです。どうでもよい細かなところまで気を配ってエネルギーを使うのは、愚かな瑣末主義だというわけです。

こうした感覚も、限られた土地に満遍なくエネルギーを投入して、できるだけ多くの収穫を期待する定住農耕民的発想でしょう。先に紹介したロスの言葉に「日本人は（中略）常にすべてをしかも同時に望んでいる」とあります。私たち日本人は、あらゆることをきめ細かく管理することを「管理」だと思い込んでいるところがあるのです。

しかし総花予算では不満をばら撒くだけで本質的な問題の解決にはなりません。「常にすべてをしかも同時に」満足させるのが容易でないことは、冷静に考えれば誰にでも分かることです。

勘所をみつける

結果から逆算すると、二〇パーセント前後の得意先が売り上げの八〇パーセントを占めていることが多く、その二〇パーセントの得意先を重点管理すれば、目標の売り上げはほぼ達成できるという経験則があります。重点管理の手法として広く知られるパレートの法則（八〇対二〇の法則）です。

この法則はさまざまな場面に当てはまります。たとえばトレーディングの利益も、株式や債券といった投資対象に関係なく、一部の売買（率にして二〇パーセント）から生まれるといわれます。同じようにある仕事の成果の八割は、その仕事にかかった時間の二割の時間で達成されていると考えることもできます。

計画の実行に当たっても、この勘所にあたる二〇パーセントをみつけることが得策で、すべての部分に同じように力を注いでしまうのは賢明とはいえません。勘所とは扇の要のような部分で、そこを押えればあとは自然に事が運ぶ所をいいます。

たとえば家を建てる場合、キッチン設備や内装を気にする人はたくさんいます。しかし、家の建築費の七割近くは床の下、内壁の向こう側のように目に見えない部分に使われています。しかもそういったところは、いったん家を建ててしまった後ではそう簡単に手がつけられません。

したがって本当はそういう大事な勘所に、もっとお金と知恵をそそぐべきですが、なかなかそうはいかないようです。「この家は、キッチンに連結したリビングの居住空間が構想通りいけば成功だ。その他のところは後から手を加えられるから心配しなくていい……」といったような見方ができる人はほとんどいません。

五日かかる仕事と八日かかる仕事があって、どちらも終わらないと次の仕事にかかれない場合に、全体を早く仕上げようと思ったらどうすべきでしょうか。たとえ五日かかる仕事が一、二日遅れても、八日の仕事を急いで七日以内で終わらせるように算段するべきです。そうすれば、全体の仕事は一日早く仕上がります。つまり八日かかる仕事が勘所になります。

そこで全体を早く仕上げようと思ったら、全部の仕事を早めようとするのではなく、勘所の八日かかる仕事のスピードアップに集中するべきなのです。

仕事の相互関係が入り組んだ大規模なプロジェクトでも、仕事の相互関係をはっきりさせると、本当に急ぐ必要のある仕事（勘所）は全体の一〇〜二〇パーセント前後にすぎないことが、実務上の経験として知られています。

計画が失敗する理由 8

〝終わり〟からの逆算ができていない

〝終わり〟を意識できない

「愚かなものは始めを見るが、賢い者は終わりを見る」という西洋の諺があります。この「終わりからの視点」が欠けていることも、計画を達成できない大きな原因になっています。

〝終わり〟とは目的・目標に到達する節目を指しています。

たとえばサラリーマンの定年は、会社勤めの終わりで、人生の大きな節目といえます。

定年退職した人たちからよく挨拶状が届きますが、そこには「退職することになったので、今後は残った時間をこんな風に使いたいと思っている。今後ともよろしく」といった一定のパターンがあることに気づきます。中には残った時間をどう使っていいか戸惑っている人もいるようです。

こうした人たちは、人生の時間軸を入社から定年へ向かって押せ押せで進んでいき、最後に残った時間をどうするかを考えるわけです。

果たしてそれでうまくいくものでしょうか。新しいことを始めようとしても、あらゆることが時間切れになっていることに気づくだけかもしれません。〝余暇〟の本来の意味は、自分からつくり出したゆとりのことで、たまたま生まれたヒマな時間のことではないはずです。

これに対してアメリカの友人から届くこの種の手紙は、一般にはるかに明快です。

「ハーイ、人生もラストステージに近くなったので、来月末には会社を辞めて、かねてから温めていたこういうことを始めるからね。そのために住まいはミシガン湖の近くに移したよ。次の夏までには、セスナ機の操縦免許も取るから、訪米の折にはいっしょに空からミシガン湖を楽しめると思うので是非寄られたし」——といったような、明るいお知らせ調のものが多いのです。

〝残り時間〟を意識する

なぜこんな話を持ち出したかというと、〝終わり〟から逆算し、現在、何をしていなければならないかを知って、現在の行動をコントロールすることが、計画の大切な役割の一つだからです。

日本人が得意とする突貫工事も、工期の残りが少なくなるまで〝終わり〟をみようとしない、あるいはそこまで行かないと〝終わり〟がみえないことから起きることだといえます。

それでも、建設工事のように期限がはっきりしている仕事についてはよいでしょう。経営や政治や人生のように期限がみえにくいことについては、実際に壁に頭をぶつけて動きがとれなくならないと、危機を危機として認識できません。

したがってもう少し時間軸を将来へ延長して〝終わり〟から現在を見て今何をしたらいいかを考えるようにすべきなのです。

誰でも試験のときには現在の時刻を気にするはずです。解答用紙を提出すべき時刻（終わり）

目標には期限を刻むこと

から逆算し、後どれくらい時間があるかを知りたいからです。その結果、答えに自信のないところをもっとじっくり考えるとか、できるところだけをできるだけたくさん答えるようにするとか、残りの解答態度が決まるわけです。

退職後の計画も同じです。仮に八〇歳が自由に動きまわれる気力・体力の限界（終わり）と思うなら、そこから逆算して、自分のやりたいことができる時間が残るように考えて、その時期が来たら定年とは関係なく仕事を辞めて、残した時間を自分のためにどう使うかを考えるのです。こうすれば、本当にやりたいことをする時間が取れるはずです。

欧米（キリスト教）文化の根底には「最後の審判」という“終わり”がある。バチカン、システナ礼拝堂の壁画『最後の審判』（ミケランジェロ）

川の流れのように

私たち日本人に〝終わり〟からの逆算を忘れさせているのは、日本人特有の時間観があるからではないでしょうか。

日本人の時間観は、歌の文句にある「川の流れのように」手前から遠い彼方へ際限なく流れていく無限連続直線、もしくは輪廻の思想にみられる限りなく続く無限連続曲線のイメージにもっとも近い。しかもその時間の流れに身をゆだねて淡々と生きる人生を、私たちは善しとしてきました。転職、転向などの言葉に何となくマイナスのイメージがついてまわるのも、時の流れは途切れないほうが好ましいという時間観の表れです。永年勤続表彰のように、日本では継続性に対する評価はやたらに高くなります。

いうまでもなく誰にとっても究極の〝終わり〟は死です。しかし日本人は、『徒然草』で知られる吉田兼好がいうように、死が近いことを忘れています。ましてその他の物事に〝終わり〟があることなど、どれほど切実に意識しているでしょうか。

この「時間は無限」という感覚からは、「時間は有限でもっとも貴重な資源（リソース）」という考えは芽生えません。そのため、私たち日本人には時間予算（タイムバジェット）という概念がなく、どんなところにどれくらいの時間が投入されているか、気にしません。

これに対して欧米の人たちの時間観には〝終わり〟があります。

欧米文化の基本になっているキリスト教では「最後の審判」にみられるように、すべてがそこで途絶えて消滅してしまう〝終わり〟があります。したがって欧米の人たちは何事に関しても〝終わり〟をはっきりさせないと気がすまない。時間に〝終わり〟があって、すべてがそこでチャラになってしまうなら、誰でも〝終わり〟からの逆算をするようになります。

こういう感覚の欧米の人たちには「日本人の計画は挫折した（終った）ところから始まる」と見えるようです。

計画が失敗する理由　9

計画の適切なフォローアップができていない

プラン・ドゥ・シー

計画の実行段階では、その成り行きをチェックして、現状のままでよいのか、それとも修正すべきところがあるのか、はっきりさせなくてはなりません。そして修正すべきところがあれば、できるだけ早く手を打つ必要があります。

よく言われる「プラン・ドゥ・シー（plan do see）」の「シー」は、走り出したら途中経過をしっかり見て、上手に手綱をさばきなさいということです。

ゴルフの初心者はよく「フォロースルーをしっかりやれ」とアドバイスされます。ボールを打った後のクラブの動かし方がおかしいと、ボールの飛び方もおかしくなるからです。

同じように何かを実行したら、あるいは行動を起こしたら、その結果をフォローしなくてはならないのはあたりまえのことです。

これは技術的な問題だけではありません。あるアメリカ人とゴルフをしたら、その後、適当な頃合いに「ごいっしょにプレイしてからご無沙汰していますが、その後はお元気ですか……」といった類の電話（ハッピーコール）がかかってきました。この方は、人間関係のネットワークでも、適切な時期にそれなりのフォローをしておくことの大切さを知っているからでしょう。

一般にこうしたフォローも私たち日本人は苦手なようです。

現在、大きな欠陥が指摘されている教育や都市の問題にしても、為政者がきちんとフォローアップしていれば、ここまで問題が大きくなる前に手が打てたはずです。体調を崩しても、医者に診てもらうなどのフォローアップをせずにいると、「もう少し早く手当てすれば助かったのに」ということになるかもしれません。

何事も異常は早い段階で気づいて、手を打つことが肝要です。

問題意識を持つ

ところが、ここに意外な落とし穴があります。

飲酒運転が後を絶たないのは、酒を飲んでも「このくらいなら問題ない」と思い込んで本気で飲酒運転を止めようとしない人が多いからです。

かつて日本の経済は「花見酒の経済」といわれた時代がありました。経済成長に酔いしれて問題がないと思い込んでいたところに、じつは問題があったのです。気がついてみると目の前に膨大な借金が積み上がっていました。

これは経済計画のフォローアップが行き届いていなかったからです。なぜそんなことになったかというと、無自覚な飲酒運転と同じように、経済政策の運営を担当する人たちが「このくらいなら問題ない」と思い込んでいたからです。

同じようなことが教育の世界でも起きています。そればかりか、皆さんの会社や家庭でもしばしば見られることではないでしょうか。問題意識を持たなくては、計画のフォローもしようがありません。

以上、計画が挫折する九つの大きな理由を述べました。おそらく皆さんにも思い当たるところがあるのではないでしょうか。

しかし逆に言うと、これらの要因をクリアできれば、あなたの計画の実現性はずっと高くなるはずです。では、どうすればこのようなミスをなくすことができるのか、次の章から計画の段階ごとに、そのためのポイントをお話ししましょう。

第3章

目的・目標をどう扱うか

計画のステップ

スポーツで上達の速い人は、上達の合理的方法を会得していて、そうでない人を歴然と引き離します。同様に計画のよしあしも、踏むべき計画のステップをはっきり意識している人とそうでない人では、明らかに違いがあります。何を計画しても失敗を繰り返す人たちに共通している点の一つは、計画のステップに無関心なことなのです。

計画のステップとは図3-1のようなものです。この図にしたがって順次説明していきます。

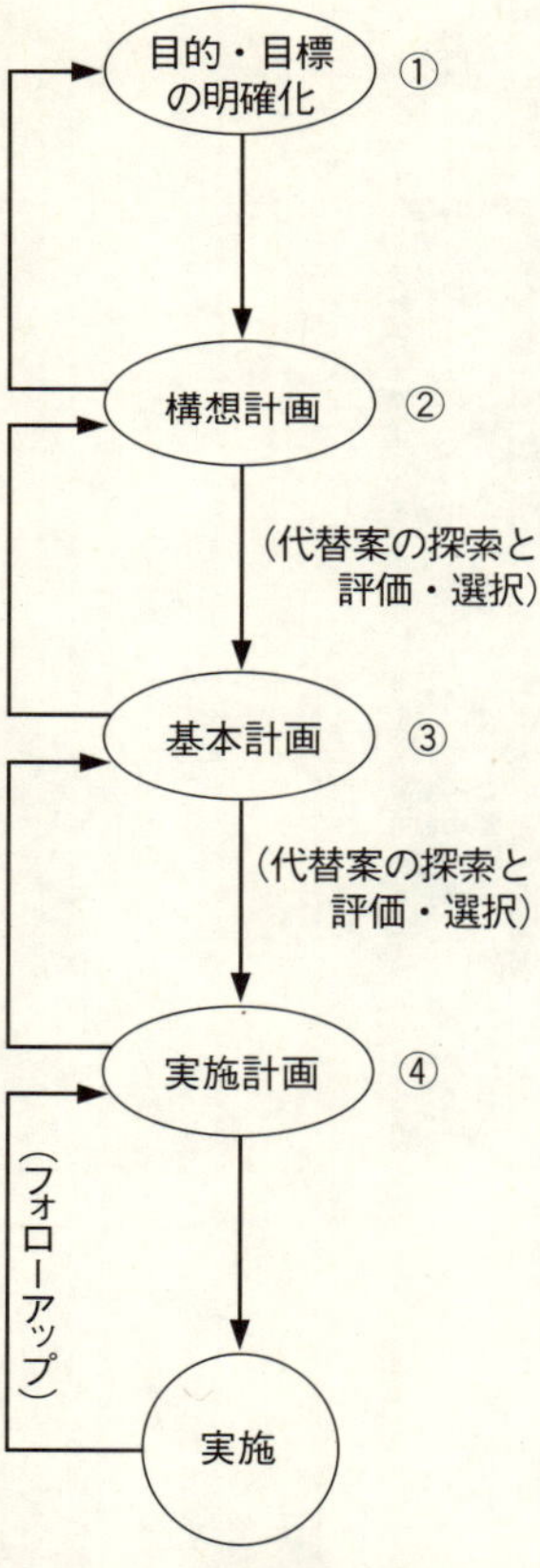

目的・目標の明確化
①
構想計画
②
(代替案の探索と評価・選択)
基本計画
③
(代替案の探索と評価・選択)
実施計画
④
(フォローアップ)
実施

図3-1　計画立案と実行のステップ

目的・目標を扱う三つのポイント

第2章でお話ししたように、私たち日本人は計画の目的・目標を明確にせず、「とりあえず、できることからやってみる」計画になりがちです。

前に取り上げた某社の伝票のオンライン化も、話を聞いてみると、目的がはっきり示されていないようです。本来は、たとえば伝票処理のスピードアップができて経理担当者を削減できる、残業をなくせる、その結果、経費節約につながる、といったような目的があるはずです。しかしそうした目的が明確に示されないまま「とりあえず」スタートしたために、逆に残業が多くなって、担当者の数を増やさざるを得なくなってしまったということです。

まずは計画の根本ともいえるこの問題をみていきましょう。

目的・目標をどう扱うかについては次の三つのポイントがあります。

目的・目標を扱う三つのポイント

1　計画の目的・目標を明確にする。

2　目的・目標と手段を取り違えない。

3　目標に期限を設定する。

では、ここでも一つずつお話ししましょう。

目的・目標を扱うポイント 1

計画の目的・目標を明確にする

人は目標を求める

徳川家康が江戸に入って一〇年後の慶長五年（一六〇〇）、関ケ原の合戦に大勝して第二次江戸開発が始まります。この開発では第一次の埋め立て地造成と違って江戸城の大拡張整備に力点が置かれました。家康が征夷大将軍のポストについたので、その勢威を江戸から日本全国に向かって発信するために、象徴としての江戸城拡張工事に着手したのです。

このとき家康は、江戸城の縄張り（設計）を担当した藤堂高虎に対して「本丸を大きく造り、天守閣を高くしてくれ」と命じました。その理由は、江戸城下に招き寄せようとしたかつての領地の駿河、遠江《とおとうみ》、三河の商人から、次のようにいわれたからです。

「駿・遠・三にいたころは、海から荷を運ぶ時も一つ目印がございました。富士山を目標に、船を操れば、我々は無事に港に入ることができました。ところが江戸に参っても目標がございません。一面湿地帯に生えた葭ばかりでございます。何か目標をおつくりください。そうすれば、喜んで江戸にやってまいりましょう」（童門冬二『江戸の都市計画』）。

そこで家康は藤堂高虎に「武蔵野につくる新しい富士山」としての天守閣づくりを命じたのです。不案内な村や町を歩いているとき、ヨーロッパなら教会の尖塔、中東ならモスクのミナレットのように、どこからでも見えるものがあると不思議と気持ちが落ち着くものです。これが江戸城に天守閣を築かせようとした家康の真の目的でした。

計画の目的・目標はこの天守閣のように、常に意識の中でそれなりの位置を占められるものでなくてはなりません。

このことを『サイコ・サイバネティクス』シリーズの著者であるマクスウェル・マルツは「人間は目的・目標を追求するという心理的機構を持たされている」と説明しています。

目的意識が実現への第一歩

目的・目標は必ずしも目に見えるものでなくてもかまいません。たとえば「この世の苦しみは、死後の天国で報われる」といった天国や、浄土教の極楽浄土のようなイメージでもよいのです。もっと身近な例では、私たちは「自分はこういった人生を送りたい」とか、「自分は男として（あるいは女として）こうありたい」といったイメージ（目標）を持っています。私たちの行動は、陰に陽にこういった目標から外れないようにコントロールされているのです。心理学でも、人間は、どのように行動するかを選択するときに、自ら構築したイメージをじつによく利用する生き物であることが知られています。

また目的や目標には、無意識のレベルで周辺状況に働きかけ、自分の行動を目的・目標の方向へ誘導してくれる潜在的な力があります。このことを作家の池波正太郎さんは『男の作法』という著書の中で次のように述べています。

「（今度、南フランスへ行こう、南フランスへ行こう……）と、事あるごとにやっていると、まあ自然に行けるようになってくるんだよ。（中略）次にニューヨークへ行ってみたいと思ったら、（中略）そのうちにきっとニューヨークへ行けるようになっちゃう。（中略）ぼくの場合、何かこうしたいと思ったら絶えずそのことを思っていれば、何かにつけてそのことを目指して、無意識のうちに少しずつ段取りを進めていくからね、だから自然にそうなるということになるんだよ」

人間は意識のどこかに目的・目標があると、自然に目的志向的な行動をとるものなのです。しかし脳は、無限の選択肢がある場合には、一定の方向性が与えられないと、有効な選択ができないといわれます。

同じことは組織についてもいえます。組織の構成員が、組織としての目標をはっきりと自覚しているときには活力があります。しかし組織としての目標がはっきりしないと、そのエネルギーは仲間同士の葛藤や中傷に向けられて、組織は急速に精彩を失ってしまいます。

したがって組織の長がまずやるべきことは、組織が目指す方向（目標）をはっきりさせて、組織のメンバーに目的意識を持たせることです。では、その目標はどのように示したらよいのでしょうか。

目標は単純明快かつ具体的に

テレビで甲子園の高校野球で勝った監督の記者会見を見ていると、「変化球を捨てて、直球を狙え」とか、「もっとベースに近い位置で構えろ」といったように、指示はきわめて単純で、か

1999年10月、再建計画を発表する日産自動車のゴーン社長。単純明快な数値目標を挙げて全社員の「やる気」を引き出した。 ©共同

つ相手を攻略するポイントを具体的に突いています。

日産自動車のゴーン社長が打ち出した三ヵ年計画では「負債半減、営業利益率四パーセント」という単純な数値目標が柱になっていました。

また同社長は日本記者クラブの講演で「日本企業は複雑な事態に直面すると、行動しないという選択をする。しかし、いったん社内で合意すれば、すごい力を発揮する。したがって目標は全社員が理解できる単純さが重要である」と力説していました。

ゴーン氏の先輩にあたるルノーの最高経営責任者（CEO）だったルイ・シュバイツァーは、一九九八年に「六〇〇〇ドルの車を開

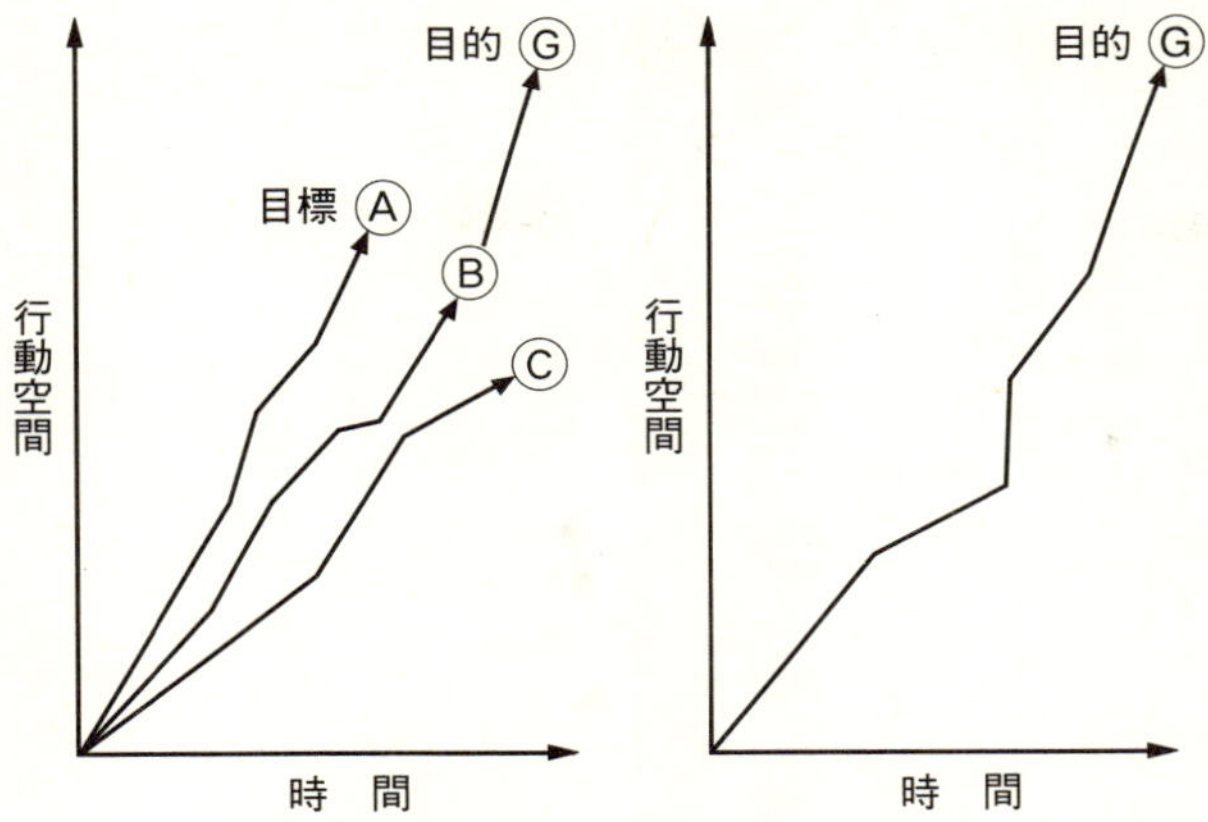

図3−2　目標選択についての概念

発する」と宣言して、社員に挑戦の気持ちを起こさせ、この計画を成功させました。同氏も「こういった計画では、極端な目標を設定しないと意味がない」といっています。

とくに組織の目標というのは単純明快で、同時に部分的効果ではなく最大の影響を与える少数の点に着目した戦略的なものでなくてはなりません。

かつての企業は、限られた分野での成長を目指せばよかったので、目的・目標に到達できる道筋は多少の曲折はあっても一筋で、いずれは到達できるプロセスの競争でした（図3-2右）。しかし現在のように業種の境界線がなくなると、たとえばカメラメーカーだった企業が、カメラよりコピー機が主力商品になったりします。そうなると、目標が多様化するので（同図左）、目標の選択を誤ると、目的に到達することが不可能になってしまいます。

単純明快でかつ具体的な目標を示すことの大切さは組織に限ったことではありません。たとえば夏休みのささやかな計画であっても、「夏休みが終るまでに、クロールで五〇メートルを一分以内で泳げるようにする」というような単純明快な目標を掲げると、やるべきことが明確になります。

目的・目標を扱うポイント 2

目的・目標と手段を取り違えない

投手の目的

私の畏友が発行する新聞『せれね』に、往年の鉄腕投手、稲尾和久氏が恒例の新人研修会でした話が載っていました。

稲尾氏は「君たちは（プロ野球選手としての）競争に勝ち残るためにはどうすればよいか」と

切り出して「投手は、より速い球を投げるとか、より多くの効果的な変化球を覚えるとかを目指して練習する。しかし真の目的を間違えてはいけない。投手の真の目的は剛速球や多彩な変化球を投げることではない。打者に打たせないことなのだ」と続け、「そこで私はタイミングを外す工夫をして、新人の年に二一勝もできた」と話しています。

江夏豊投手。1967年に阪神入団。目的と手段をきちんと意識して練習した結果、数々の大記録を達成した。 ⓒ共同

たしかに投手の目的は「打たれない」こと、「打たれても凡打にする」ことです。そのための手段としての速球や変化球を投げる練習をしているはずです。それなのに、いつのまにか目的と手段が逆転してしまい、より速い球、より多彩な変化球を投げること自体に熱心になってしまいがちです。

これは野球だけの問題ではありません。手段が目的化してしまい、本来の目的が置き去りになってしまうケースは決して少なくありません。

知性を高めて人生を豊かに生きるための学校の授業が、いつのまにか受験のための勉強になってしまいます。

ある目的のために作られた組織やシステムの活動が、いつのまにか本来の目的よりも、その組織やシステム存続のための活動になっている。これはお役所仕事でしばしば指摘されていることです。社会保険庁が国民福祉という目的を忘れて、役人の天下り先に成り下がったのは記憶に新しいところです。

〝二世帯住宅〟は手段か目的か

最近は、住宅を建て替えて二世帯住宅にしたいという人が増えていますが、いざ建ててみると、子供に同居を断られて老後の計画は大失敗というケースが少なくありません。

よくよく考えてみれば、そもそも二世帯住宅を建てた理由は、老後の安心を手に入れるためなのです。老夫婦だけの生活では寂しいし不安だから、できれば子供の家族と暮らしたい。それで二世帯住宅を建てたはずです。つまり二世帯住宅はあくまでも手段であって目的ではないのです。そのことに気づけば、老後の寂しさや不安の本質について、もう少し深く考えてみるようになるので、二世帯住宅以外にもさまざまな手段が見えてくるはずです。

建築家は、建築雑誌でお目にかかるような「おしゃれな家」をつくることが目的ではありません。建て主が安全にいつまでも快適に住める家を設計するのが本来の目的のはずです。テレビの解説者は自分がしゃべりたいことをしゃべるのではなく、視聴者が聞きたいことを話すべきです（この本の原稿も、筆者が書きたいことだけを書いていては、読者が求める出版物からかけ離れてしまいます）。

目的・目標を扱うポイント 3

目標に期限を設定する

太平洋戦争敗戦後の日本経済の最大の転換点は、昭和三五年（一九六〇）に池田内閣が提唱した国民所得倍増計画でしょう。「一〇年で国民所得を倍にする」と宣言されて、その実現のために年九パーセントの経済成長率が目標になりました。手持ち資金を七・二パーセント以上の複利

目標は期限も具体的に示すこと

で運用できると一〇年で二倍になる理屈です。

たとえばマイホーム計画で資金を貯めたいと思ったらどうするでしょう。「日常の生活費を節約して、できるだけ貯金を増やす」というような腹づもりなら誰でもできます。しかしこれでは最終目標（ゴール）がはっきりしないので、具体的な手段が論議できません。マイホーム計画は単なる夢で終わってしまいます。

これに対して「あと一〇年で手持ち資金を二倍にする」といった明確なゴールが設定されればどうなるでしょう。

ゴールに到達するには、手持ち資金を年利七パーセントの複利で運用できなければならないことが分かります。しかしそんなことは自分にはとても無理だと考える人は、ローンを組むことになるでしょう。

ところが、たとえば三〇〇〇万円の住宅ローンを三〇年返済で組むと、借入金利三パーセント元利均等返済（約一二万六〇〇〇円）で返済総額がほぼ四五〇〇万円にもなります。それなら、持ち家よりも賃貸の方がよいのではないか、といったような案も浮かんでくるでしょう。

老後の計画も「何歳までに」という区切りをつけて考えれば、定年後にあわてることはないでしょう。先ほどの「クロールで五〇メートルを一分以内で泳ぐ」という目標も「夏休みが終わるまでに」という期限をつけることで、練習のプログラムをより明確に組むことができます。

このように目標に期限をつけることで計画は具体的になり、実現の可能性が高くなるのです。時間制限のある試験で、思わぬ力を発揮することがあるように、時間的制約のあるほうが、脳はより活発になれるようです。

第4章

目的・目標を実現する計画をどう作るか

計画立案のための五つのポイント

目的・目標が明確になったところで、いよいよその実現をめざす計画を立案することになります。古代ギリシャの哲人プラトンは「よく計画されたことは、半分成功したと同じことである」といっています。

よい計画を立案するには次の五つが重要です。

> 計画立案のための五つのポイント
>
> 1　想像力を働かせて構想する。
> 2　正しい計画のステップを踏んで立案する。
> 3　複数の計画案を練る。
> 4　計画案を正しく評価する。
> 5　不確実さのリスクをできるだけ回避する。

これを順に詳しく説明します。

計画立案のポイント　1

想像力を働かせて構想する

計画のスタートは構想から

二〇〇六年に世界中のファンを熱狂させたサッカーのワールドカップ・ドイツ大会。日本は初戦でオーストラリアに一－三で敗れました。この試合でオーストラリアのヒディンク監督は試合前に頭の中で、リードしたときにはこう、こんな負け方をしているときにはこう……とさまざまなシミュレーションをして、あらかじめ次に打つべき方策を練っていたようです。

ヒディンク監督の采配は、エースのケーヒルを先発させず勝負どころで投入するなど、意表をつくものばかりでした。そのため日本のスポーツ記者からは「単なる幸運ではないか」という質問が飛びました。これに対して、監督は少しも動ぜず「優れた構想がなければ、運はこない。構想があっての強運だ」と答えています。

ゲームだけでなく、ある目的を達成しようとする場合には、人間は、構想という〝頭脳プレイ〟をしなくてはなりません。これだけはどんなにＩＴ化が進んでも変わりません。コンピュータに何をやらせるかは、人間が構想することです。コンピュータが出した結果も、それを人間がどんな構想で使うかで、その価値が変わってきます。インターネットの検索でどれほど多くの情報が得られるようになっても、これだけは変わりません。

今やビジネスでもモーレツ型の男（あるいは女）は時代遅れになって、それよりも魅力のある構想を提案できる人材が求められています。イマジネーションを働かせて、更地に他人とは違った絵を描けなければ「貴重な人材」にはなれないということです。

生活の面でも、子育てが終われば家庭生活は大きく変わるので、五年、一〇年先の生活が構想できる家庭とそうでない家庭では、違いが目立つようになるでしょう。

昨年アメリカを旅行中にホテルでテレビのスイッチを入れたら、大学卒業前の若者がこんな会話をしているシーンが見られました。

「ところで、これからの君のプランはどうなっているの？」

「僕はね、若いうちに世界を知っておきたいので、できるだけ若いときに世界を回れる職業と会社を選んで就職するつもりだよ。そして、三〇代前後に一度は結婚すると思うよ。それから、少なくともアジア、ヨーロッパ、東欧、中東の諸国を知った後にニューヨークへ戻って、アメリカから世界のビジネスを見てみたい。そしてリタイア後はできたらカリフォルニアに住んでみたいね……」

この若者のように、人は自分がやろうとしている「大いなる企て」の構想を練っているときに、もっとも生き生きとしていられるようです。絶世の美女といわれたクレオパトラも、冷徹な政治家のカエサルを籠絡しようと密かに構想を練っているときが、一番きらきらと輝いていたに違いありません。

「人間は夢を失ったときに老化がはじまる」といわれています。夢はいずれ構想という形をとりますが、その構想を練っているときには、脳全体が最も活性化されます。その構想の元となる夢を失うと、脳が元気を失うからかもしれません。

イメージ力を働かせる

計画の立案はまず全体の構想を練ることから始まります。構想とは、「知っていること」を手掛かりにして「まだ見えていないもの」の全体像をイメージすることです。そのためにはジョン・レノンの歌『イマジン』ではありませんが、想像力（イマジン）の扉を開けることが必要です。レノンは「国境のない世界を想像してごらん」と歌っています。経済学者で詩人のケネス・ボールディングが言うように「未来は外側の世界で起きる以前に、我々のイメージの世界で創られる」

ものなのです。

構想するためには想像力を全開にする必要があるといわれると、戸惑う人がいるかもしれません。想像力は誰にでもある才能であるにもかかわらず、私たち日本人は、想像力を働かせることが苦手なようです。

園芸家の濱田恵理子さんがこんな話をしていました。ガーデニングでは、たとえば冬のうちに「春にはこんな庭にしたい」というイメージ（構想）を持ち、その実現に向けて準備しなくてはなりません。ところがガーデニング講習会で「その時々で好きな花々を植えるのもいいけれど、それではいつまでたっても本当に魅力的な庭はつくれません。そこで、ここで来春の庭をイメージしてみましょう」と問いかけると、受講者の多くが「もう春のことですか！」と溜め息をつくというのです。

図や言葉で構想の〝下絵〟を描く

では漠然としたイメージから、どのようにして現実の構想にまとめられていくのでしょうか。建築設計の例でその過程を見てみましょう。

建築設計者にとって大事な時間は、机に向かって図面を引いているときではありません。どの

図4−1　建築のエスキスの一例（日本二十六聖人殉教記念館）

図版提供／今井兼介

ような建物にするかイマジネーションを働かせて構想を練っているときです。建て主の意図はもちろん、建設地の環境、建築家自身の芸術的意図などさまざまなことが心に浮かんできます。

もちろんどんなイメージも、初めのうちは青空にぽっかり浮かんだ白い雲のように捉えどころがありませんが、これが次第にまとまってきたら、それをラフな下絵に描きます。一見なぐり描きにも見える自由奔放な建物のイメージ図（エスキス）です（図4−1）。

どんな計画でも、エスキスのように視覚に訴えるものがあると、構想は不思議なくらい多方面へ広がっていきます。

次にこのエスキスをもとに、建て主が望む

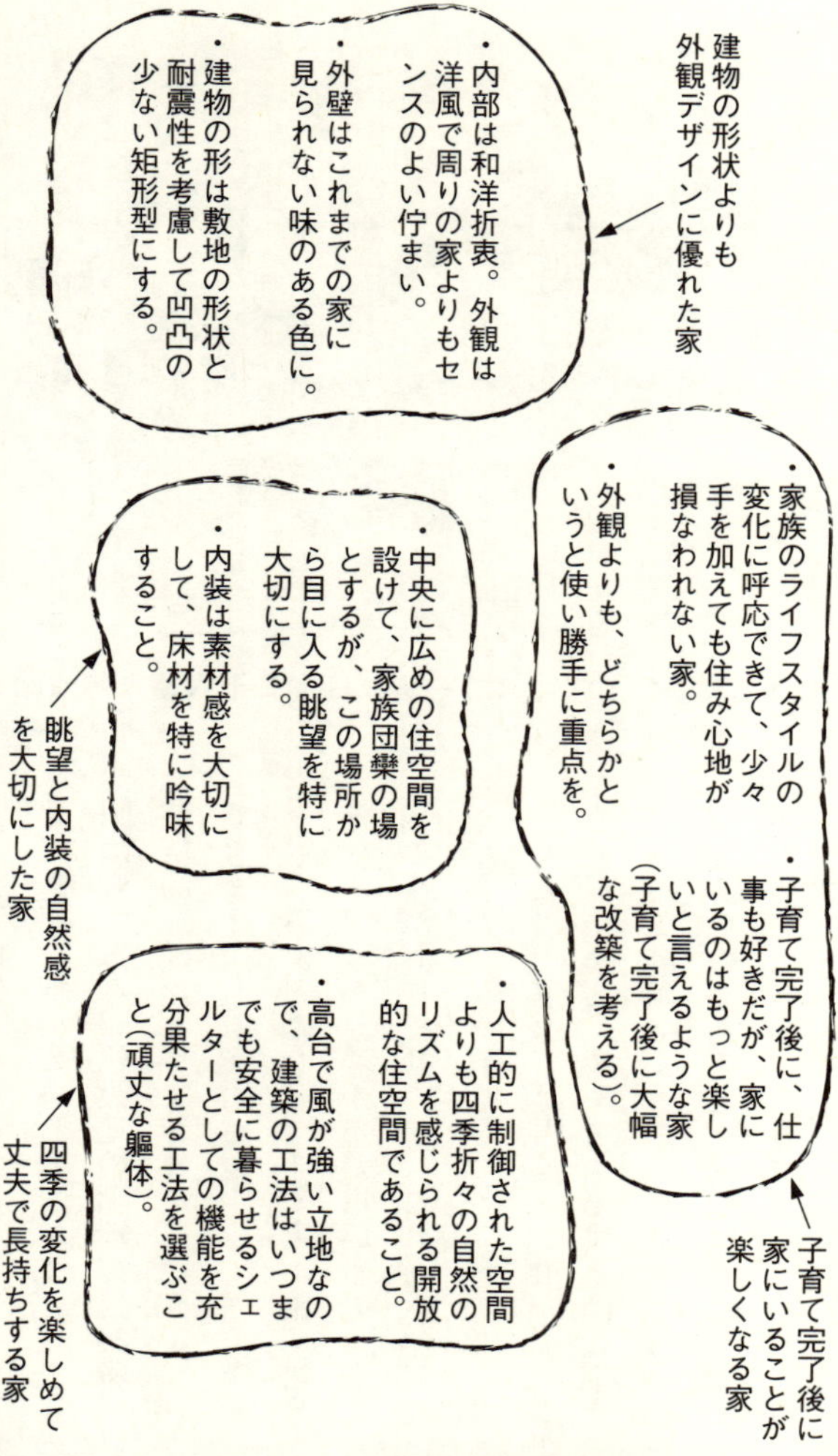
建物の形状よりも
外観デザインに優れた家
・内部は和洋折衷。外観は洋風で周りの家よりもセンスのよい佇まい。
・外壁はこれまでの家に見られない味のある色に。
・建物の形は敷地の形状と耐震性を考慮して凹凸の少ない矩形型にする。
子育て完了後に
家にいることが
楽しくなる家
・家族のライフスタイルの変化に呼応できて、少々手を加えても住み心地が損なわれない家。
・外観よりも、どちらかというと使い勝手に重点を。
・子育て完了後に、仕事も好きだが、家にいるのはもっと楽しいと言えるような家（子育て完了後に大幅な改築を考える）。
眺望と内装の自然感
を大切にした家
・中央に広めの住空間を設けて、家族団欒の場とするが、この場所から目に入る眺望を特に大切にする。
・内装は素材感を大切にして、床材を特に吟味すること。
四季の変化を楽しめて
丈夫で長持ちする家
・人工的に制御された空間よりも四季折々の自然のリズムを感じられる開放的な住空間であること。
・高台で風が強い立地なので、建築の工法はいつまでも安全に暮らせるシェルターとしての機能を充分果たせる工法を選ぶこと(頑丈な軀体)。

図4−2　マイホーム計画の構想概要メモの一例

建物は、こうでもないああでもないと何枚もスケッチを描き直して、現実の諸条件に適合した基本設計にまとめていきます。

エスキスを描くのがむずかしければ、イメージを自分の言葉で書きとめたメモにしてみるのもいいでしょう。それを何度も書き替えながら、次第に実現性の高い構想にまとめていきます。

図4-2は、ある人がマイホーム計画の構想を練ったときの構想概要メモの例です。

エスキスやメモがあれば、自分の構想を第三者（設計者）に的確に伝えることができます。これによって設計者は、建て主の構想に専門的な見地から建物という形を与え、それを客観化した図面（基本設計）にまとめることが容易になります。

ライフプランの〝下絵〟

最近はライフプランとかライフプランニングといった言葉をよく耳にします。そこで試みに、一般的なサラリーマンの大まかなライフプランを作成してみました。

「親孝行したいときには親はなし」といわれるように、人生には、ある時期にしておかないと、後でやろうとしても不可能になるクリティカルな事柄があります。世間的に評価されるスキルを身につける、といったこともその一つです。できるだけ人生の先を読んで「あのとき、こうしておけばよかった……」と後悔することだけは避けたいものです。

〈二〇代〉仕事の基礎を習得しながら、自分の得手、不得手がはっきりしてくる年代なので、仕事を通して自己認識を確かなものにします。人生でもっとも多くの時間を仕事に費やすのですから、これが二〇代のいちばん大切な命題です。動きやすい独身時代には、海外で仕事をして、世界を鳥瞰的に理解することにつなげるのもよいでしょう。

〈三〇代〉この頃になると自分の適性が見えてくるので、若い頃の奔放な知的好奇心を一定方向へ収斂させていく必要があります。専門性の高い知識の習得にはいちばんよい時期なので、知的生活を確立して、高度な勉強に集中します。この時期に自分の専門性をどうスキルアップできるかが将来を大きく規定してしまいます。

生活面では、結婚とマイホーム計画という大きな人生のイベントがあるので、仕事と生活の両立を考えなければなりません。そのため、将来に対する不安も大きくなりがちですが、たしかな専門性を身につけておくことは、そういった不安を薄める上でも意味あることです。

〈四〇代〉これまでに蓄積した能力や人間関係を活かした仕事ができる時期で、大きな責任を負うことも多くなります。また家庭生活でもライフスタイルが固まってくる時期で、仕事と家庭の両立にさらなる配慮が必要です。マネープランを見直す必要もあります。

〈**五〇代**〉自分流の仕事の進め方が確立し、下の者からも上の者からも期待される、いわば仕事の集大成時期です。また五〇代後半には、そろそろ組織を離れた後の人生計画を視野に入れます。組織を離れても自分に合った生き方を続けていけるように、仕事の他にもうひとつの世界を育て始めます。同時に、両親の介護についても考えなければならない時期になります。

〈**六〇代**〉定年を迎える時期なので、仕事上のノウハウその他を次の世代へ継承することを考える時期になります。と同時に、何かをやり遂げるには仕事を通してしかないという考え方を改めて、これまでの人生を再評価してみる必要があるでしょう。

生活の面では年金生活に入ったときに、ゆとりと生き甲斐のある生活を送るために、夫婦二人でどのような暮らしをすべきかについて構想を固める時期です。また三〇代に手に入れたマイホームは寿命がくるので、リフォームか改築が必要になってきます。それを機会に、住む場所と家を変えることを考えてみてもよいかもしれません。

〈**七〇代以降**〉この年代になれば失うものは何もないので、社会貢献も含めて人生のラストステージにふさわしい、そして自分らしい「大いなる企て」を構想してみます。年を取ってからそういう計画があるのとないのとでは、生き甲斐が随分違ってきます。

ちなみに七〇歳をすぎてからの生活について、江戸時代の貝原益軒は『養生訓』の最後で「年老ては、わが心の楽《たのしみ》の外、万端、心にさしはさむべからず、時にしたがひ、自楽《みずから》しむべし」（講談社「学術文庫」一九八二年による）と述べています。今の私たちは、江戸時代の人たちが夢にまで見た、人生の最終章で好きなことにお金をかけて自ら楽しむ生き方が、計画次第で誰もが実現できるようになってきたといえます。

人生設計の〝工程表〟

さて、以上のような文章を読んだだけでは、人生という時間軸に沿ったイメージがなかなか湧いてこないかもしれません。そこで図4-3のような工程表にしてみると、やるべきことの相互関係がより明確になります。

この工程表は、矢線が時間を必要とする諸活動（アクティビティ）、マルが諸活動の結節点を表します。マルからスタートする諸活動は、そのマルに入ってくる諸活動（矢線）がすべて完了した時点でスタートできるという約束事に従って描かれています。

この図をにらみながら「この矢線のプロセスを、もしもこのように変更すると、全体にどのような影響が出るか」とか、「たとえば、この活動をこの時期まで延期すると、この時期にどんなことが重なるか」といったように、「もしも」とか「たとえば」を繰り返すことによって、全体

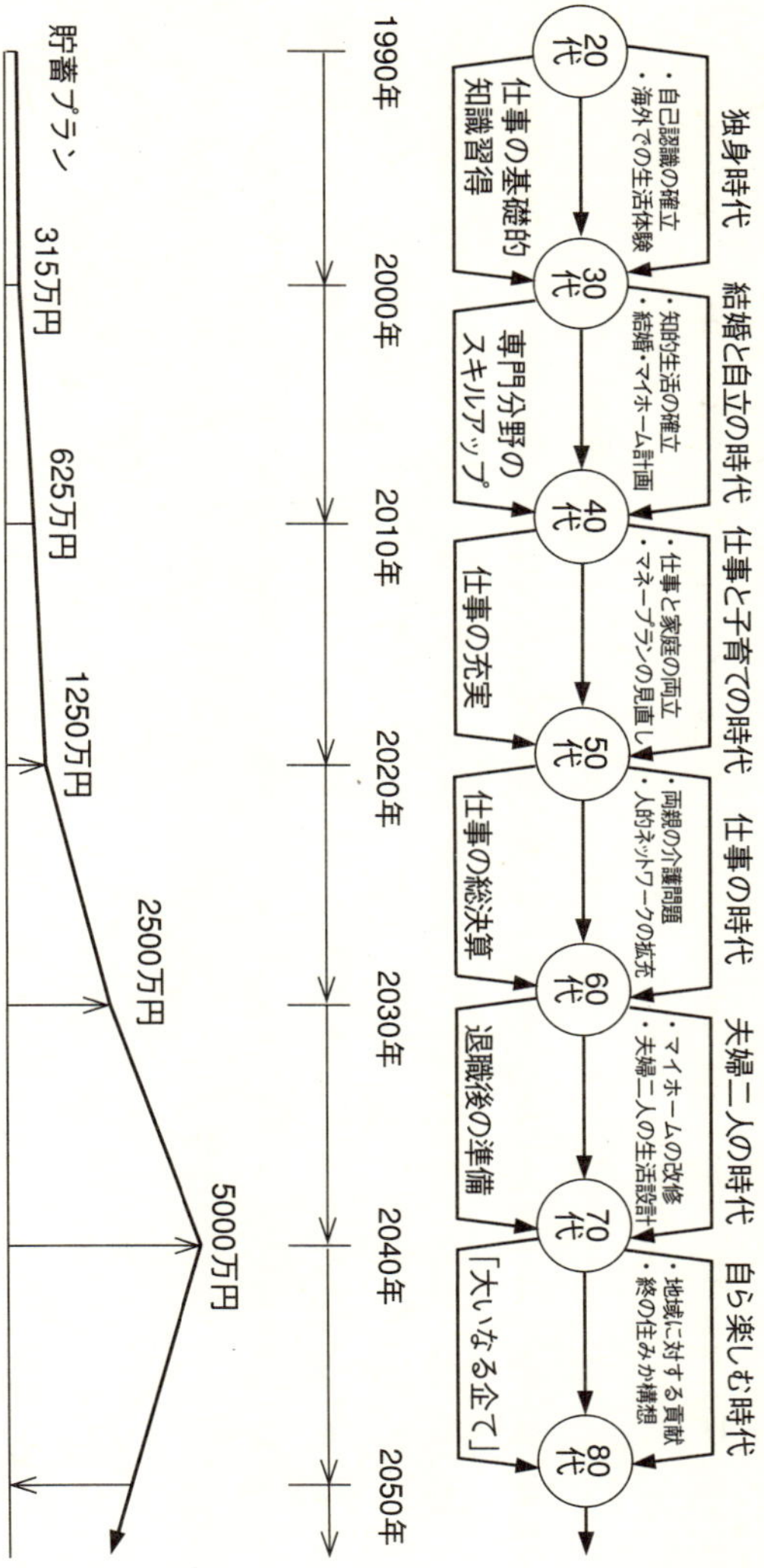
独身時代
結婚と自立の時代
仕事と子育ての時代
仕事の時代
夫婦二人の時代
自ら楽しむ時代
・自己認識の確立
・海外での生活体験
・知的生活の確立
・結婚・マイホーム計画
・仕事と家庭の両立
・マネープランの見直し
・両親の介護問題
・人的ネットワークの拡充
・マイホームの改修
・夫婦二人の生活設計
・地域に対する貢献
・終の住みか構想
20代
30代
40代
50代
60代
70代
80代
仕事の基礎的知識習得
専門分野のスキルアップ
仕事の充実
仕事の総決算
退職後の準備
「大いなる企て」
1990年
2000年
2010年
2020年
2030年
2040年
2050年
貯蓄プラン
315万円
625万円
1250万円
2500万円
5000万円

図4-3　10年を節目にしたライフプランの一例

として整合性のとれた構想や対策の立案が可能になってきます。

たとえば長い人生の時間軸を通して見ると、仕事に必要な能力の向上やスキルアップにあてることができる時間は三〇代にしかないことが分かります。そこで三〇代の人なら、結婚生活とマイホーム計画の構想を練るときに、知的生活の優先順位を上げて、真夜中でも一人で勉強できる一坪書斎を設ける、という発想が浮かぶかもしれません。

このように工程表は、節目、節目で何をすべきかを考える、よい手掛かりを与えてくれます。

制約条件をクリアする

計画の値打ちは構想で決まるといっても、構想は空想とは違います。構想を実現する基本的な条件を満足できるものでなくては、文字通り空想に終わってしまいます。

企業が新製品を開発する場合には、採算性や市場性などが制約条件になります。さらに値頃感や世間相場といった、目に見えない制約条件もあります。

建築計画なら建築基準法などの法的規制や予算、工期、技術力などの制約条件をクリアできなければ、どんなに素晴らしい建物の構想でも空想でしかありません。また、建築費と工期のように相反する関係にあるものは、構想どおりに施工すると建築費が高くついてしまったり、工期が

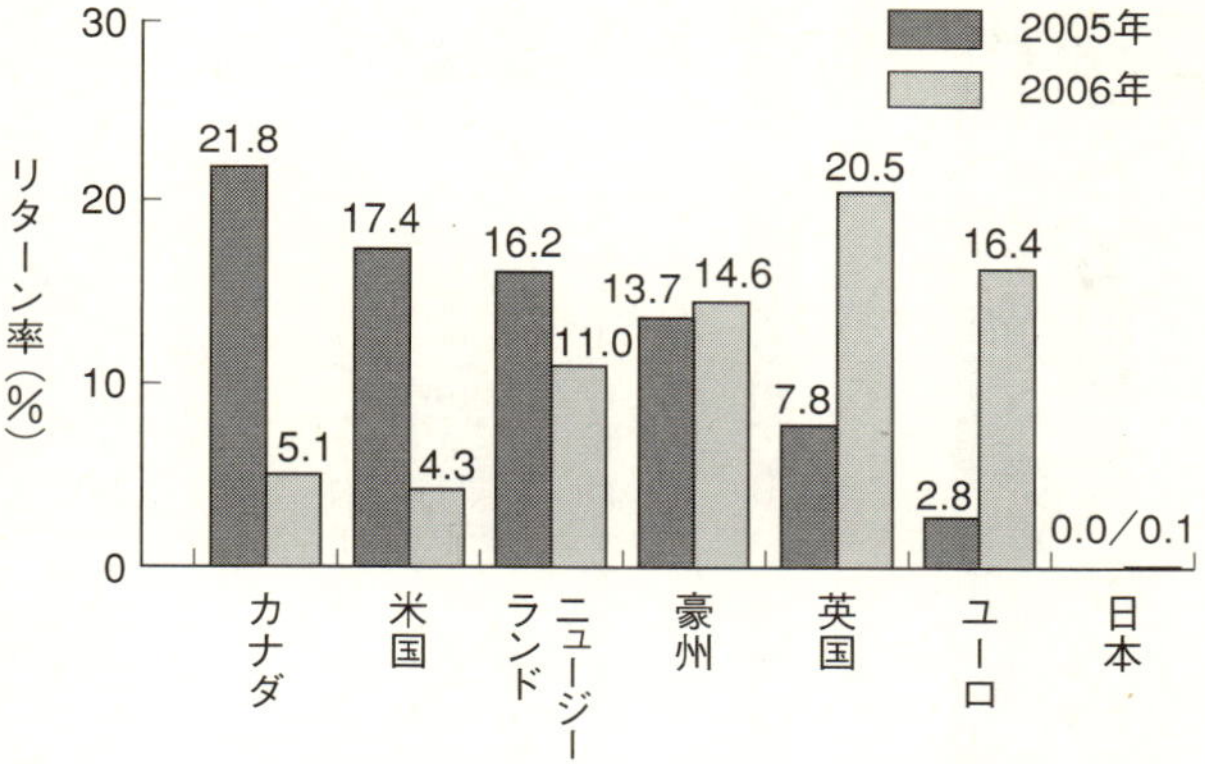
2005年
2006年
リターン率（%）
30
20
10
0
21.8
5.1
17.4
4.3
16.2
11.0
13.7
14.6
7.8
20.5
2.8
16.4
0.0／0.1
カナダ
米国
ニュージーランド
豪州
英国
ユーロ
日本

図4-4　通貨別リターン・ランキング（円建て）

長引いてしまったりするかもしれません。

そういった制約条件をクリアした構想は「基本計画」とか「基本設計」とよばれます。「このようにしたい」という〝構想〟に対して、基本計画や基本設計は「こうすればできる」という計画になっていなくてはなりません。

また計画全体の骨格に整合性が保たれていて、図面や言葉を通して第三者が理解できるものになっていることも必要です。

個人の場合も同じで、図4-3のライフプランニングにも、いくつかの制約条件があります。その一つの資金的な裏付けについて検討してみましょう。

たとえば四〇歳になったばかりのある人が、自分の老後は七〇歳からと想定して、一〇〇歳まで年金などの他に毎月一〇万円必要だと考えたとします。

すると七〇歳になった時点で三六〇〇万円（10万円×12ヵ月×30年）の貯えがあればよいことになります。しかしこの人は、さらに人生のラストステージを余裕をもってエンジョイするために、五〇〇〇万円貯蓄したいと考えました（図4-3下）。

そこでこの人は、一〇年後、五〇歳になった時点でどのくらいの貯えがあればその通りにできるか計算してみました。年利七・二パーセントだと貯金は一〇年で倍になります。すると五〇歳になった時点で一二五〇万円の貯えがあれば、計画通りできるという結論になります。

ただしそのためには、もちろん手持ち資金を年利七・二パーセント以上で運用できなければなりません。ところが現在の日本では金利は実質的にゼロですから、知恵をしぼる必要があります。たとえば日本では現実離れしている高利回りも、海外に目を向ければまだまだ実現可能です（前ページ図4-4）。資金運用にも、このように正確なリサーチとしっかりした計画が欠かせないのです。

計画立案のポイント 2

正しい計画のステップを踏んで立案する

二種類の情報

目的・目標を実現する計画にするための基本は、この章の冒頭に書いたように、計画の正しいステップを踏んで立案することです。そして正しいステップを踏むためには、ステップのそれぞれの段階で、それなりの情報が必要です。

計画の立案段階では「知っておくべき情報」と「関心事情報」の二つが重要になります。「知っておくべき情報」とは、マイホーム計画を例にとると、マンションの平均的な坪単価とか、戸建て住宅の場合には土地の値段や最近の建築費の動向といったような情報で、要するにマイホームを計画する人なら例外なく、誰でも知っておく必要のある情報のことです。

これに対して関心事情報は、知っておくべき情報の入手過程で気になったり、もっと詳しく知りたくなったりした情報のことです。たとえば子供がいてマンションの高層階を買おうとしている人にとっては、子供が地上へ降りなくなって外遊びの時間が奪われないか。そして子供の人格形成に影響が出ないか、といったようなことが関心事情報になるでしょう。

いうまでもなく関心事は、疑問を感じるから関心事になるのであって、関心を持たなければ関心事情報は皆無で、計画に反映されることはありません。

さらに、計画が実行段階に入ると、現場に密着した情報が重要な意味を持ってきます。現場感覚を欠いた計画は文字通り机上のプランになって失敗します。

「安いことがすべて」という机上プランで失敗したダイエーは、たとえば消費者は食品の安さよりも鮮度を重視するという現場の情報に耳を傾け、現場中心の仕入れに舵を切りました。

日本のメーカーのほとんどは、大卒技術者でも現場を知るために工場の生産現場を経験させることが慣行になっていました。ところがバブル期には、自社の製品に触れたこともない若い技術者にスペックや応札提案書を作成させるメーカーもありました。そんなメーカーの多くは、現場の情報を製品に反映できなくなって市場から姿を消しています。

正しい状況認識のための三つの気配り

このように情報が重要なのにもかかわらず、第2章でみたように、私たちは常に正しい状況判断ができるわけではありません。では、生きた状況の正しい事実認識に近づくためにはどうしたらいいか。それには少なくとも次の三つに気を配る必要があります。

正しい状況判断のための三つの気配り

① 「知ってるつもり」を疑う。
② 自分の世界を広げる。
③ 直感を磨く。

これを一つずつみていきましょう。

気配り❶ 「知ってるつもり」を疑う

「知ってるつもり」は正しい状況認識を妨げる最大の敵です。分かっていること、あるいは知っていると思っていることでも、果たして本当に分かっていることなのか、知っていることなのか一度は疑ってみることです。

〝見る〟や〝知る〟の本質は、主観的な〝見る〟や〝知る〟を修正して、客観的な〝見る〟や〝知る〟に近づけることにほかなりません。したがってあることを見たり知ったり分かったりすることには無限の段階があります。

私は何年か前に中東の国々を巡ってみました。そのときはじめて、砂漠とはどんなところかを実感できたことを覚えています。見ると聞くとは大違いで、砂漠の砂は私が知っている砂ではなく、茶色の粉のようでした。イラクのバビロンの遺跡がある砂漠には、随所に水溜まりもありましたが、塩分が多くて不毛の地であることには変わりないことを知りました。

また、たまたま香港で週末を過ごす機会があったとき、こんなこともありました。かねてから香港に行くなら「眠れる美女」の異名を持つランタオ島へ行くべきだと聞いていたので、香港駐在の商社マンの友人に電話して詳しいことを聞いてみました。すると彼は「僕が持っている日本語の案内書には載っていないので、そんな観光地は香港にはないと思うよ」というのです。

ちょっとがっかりして香港に入り、ホテルのカウンターに行くと、片隅に英文の観光案内書が置いてありました。目を通すと驚いたことにランタオ島が明示され、ちゃんと案内が載っているではありませんか。

私はたまたまこの案内書を発見したお陰でランタオ島へ行けましたが、香港最大のこの島も、活字にならないと地球上に存在しないことになってしまうのです。そういえば、第一次オイルショックの直後に中東諸国を旅したときには「日本は香港のどこにあるの?」と聞かれたことがあります。

このように活字や映像という「つくりものの状況」によっても、私たちは動かされたり裏切られたりしていることが多いのです。

です。

気配り❷　自分の世界を広げる

心にとめておかなければならない第二の点は、異質の状況にも興味を持つように心掛けることです。

私たち日本人は、どうしてもごく限られた状況の中に安住してものを見たり考えたりするクセがあります。たとえばパーティーでは知り合い同士、つまり情報を共有している者同士が集まってしまうことがよくあります。携帯電話やメールを使ってごく限られた世界に閉じこもってしまう若者も少なくありません。

しかしこれでは、異質の世界から刺激を受けて、自分の世界を広げることができません。狭い範囲の状況しか意識していない人は、その狭い範囲の状況がその人の外的状況になってしまうので、それだけ状況判断を間違える確率が高くなります。情報は異質なものほど価値があるのです。

したがって、あらゆる機会を活かして〝状況の窓〟を広げる努力を惜しまないことです。

気配り❸　直感を磨く

留意すべき第三の点は〝感じる思考〟を大切にすることです。「何となく怪しい」とか「うまくいきそうだ」とかいう感覚は大事にすべきです。

感性とか直感とか、あるいはフィーリングとよんでもよいですが、それらが論理的に推測されたものに劣るとは限りません。直感もまた認識の有力な手段です。直感は論理的思考では見出せないものを見出し、認識できないものを認識することができます。

もちろん直感がはずれることもあります。それを防ぐのが論理的な思考です。したがって直感力を磨くためにも、論理的思考を鍛える必要があります。ヒラメキは、その問題についての基礎がどれだけしっかり身に付いているか、どれだけ経験を積んできたかにかかってきます。したがって直感と論理的思考が互いに補い合うことができれば、より正しい状況判断に近づくことができるはずです。

計画立案のポイント 3

複数の計画案を練る

オルタナティブ(代替案)を考える

囲碁や将棋では定石（定跡）が頭の中に入っているだけでは駄目で、その組み合わせに工夫がいります。けれどもアマチュアは、一つの局面で五、六手が精一杯でしょう。これに対してプロなら、何十手も頭の中に浮かんでくるそうです。

往年のプロゴルファー、ゲーリー・プレーヤーは「ゴルフはパズルのようなものだ」といっています。たとえば一八〇ヤードを攻めるのに、アマチュアなら二種類か三種類くらいの攻め方しか思い当たらないでしょう。ところがプレーヤーはアイアン3、4、5、6番とウッド4番の五本を使い分け、さらに一本で五種類のショットができるのだそうです。単純に計算して二五種類の案があるのです。

こうした選択肢の多さがプロとアマが根本的に異なる

往年の名プロゴルファー、ゲーリー・プレーヤー。クラブの組み合わせの選択肢の多さが、最良のものを選ぶことにつながる。 ⓒ共同

ところです。

魅力のある計画も一つや二つのアイデアから生まれるものではありません。時には何通りも考え抜かれた計画案の優れたところが結びついて、ようやく「これなら大丈夫」と言える決定案ができることもあります。

ではどうすれば複数の計画案を考え出せるのでしょうか。そのときに欠かせない三つの思考法を取り上げてみます。

複数の計画案を生む思考法

① いろいろな要素を組み合わせる。
② ものの見方を逆転させる。
③ ものの見方を反対にする。

それぞれを詳しく見ていきます。

思考法❶ いろいろな要素を組み合わせる

「アイデアがひらめく」という特別な能力があるわけではありません。何もないところから、ある日突然新しい発想が浮かぶことは稀です。新たな計画案の多くは、既存の知識や方法を組み合わせることによって考え出されます。

海外個人旅行を主力にしている旅行会社のエイチ・アイ・エスは、ホテルや交通機関などの旅行素材の組み合わせができる予約システムを取り入れることで、海外旅行市場のシェアを伸ばしています。

セラミック系電子部品メーカーとして高い評価を得ている村田製作所は、自社の技術を約一〇〇の要素技術（コアテクノロジー）に分類し、これをさらに二八のテクノロジーユニットに再編成して責任者を一人ずつ張りつける方法をとっています。これは「一つ一つのコアが世界一のテクノロジーを持てば、それらの組み合わせでできる部品は世界一の部品になる」（村田泰隆社長）といった考え方からきているそうです。

最近は、たとえばラーメンをメインディッシュにしたコース料理や、高級ハンバーガーをメニューに加えたフランス風カフェが人気だそうです。これも「庶民性」と「高級感」という一見ミスマッチな組み合わせで、新しい需要を掘り起こしているわけです。

さらに最近ではこうした組み合わせも「これが駄目なら、あれではどうか」といった試行錯誤的方法ではなく、多くの案を系統的に検証できるコンピュータソフトが開発されています。たしかに構成要素の膨大な組み合わせの中から目的に適ったものを選び出す作業は、コンピュータにもっとも向いています。

じつは世界中で売れているペーパーバックスの『ハーレクインロマンス』は、このコンピュータによる組み合わせを活用した、いわばコンピュータ文学なのです。

組み合わせによる計画案の具体例として、東京都心へ通勤している人が郊外へ賃貸で移り住むことを計画したらどんな案ができるか考えてみましょう。

まず図4-5のような図を描いてみます。

引っ越し先のエリアは、都心から伸びる小田急、京王、西武、JR中央線沿線とします。建物はA（標準より上）、B（標準）、C（標準より下）の三つのグレードに区分けします。そして家の広さは六〇平方メートル台から八〇平方メートル台まで、一〇平方メートル刻みでA、B、Cで表示しています。そこで、この図をもとにいくつかの案をピックアップして最終的には物件を実際に見て決定するという計画です。

そうすると、この図の①から④のマルに至る経路（組み合わせ）は、全部で三六通り（3×3×4=36）あることが分かります。さらにこの図のように、利便性と住環境のグレードを加える

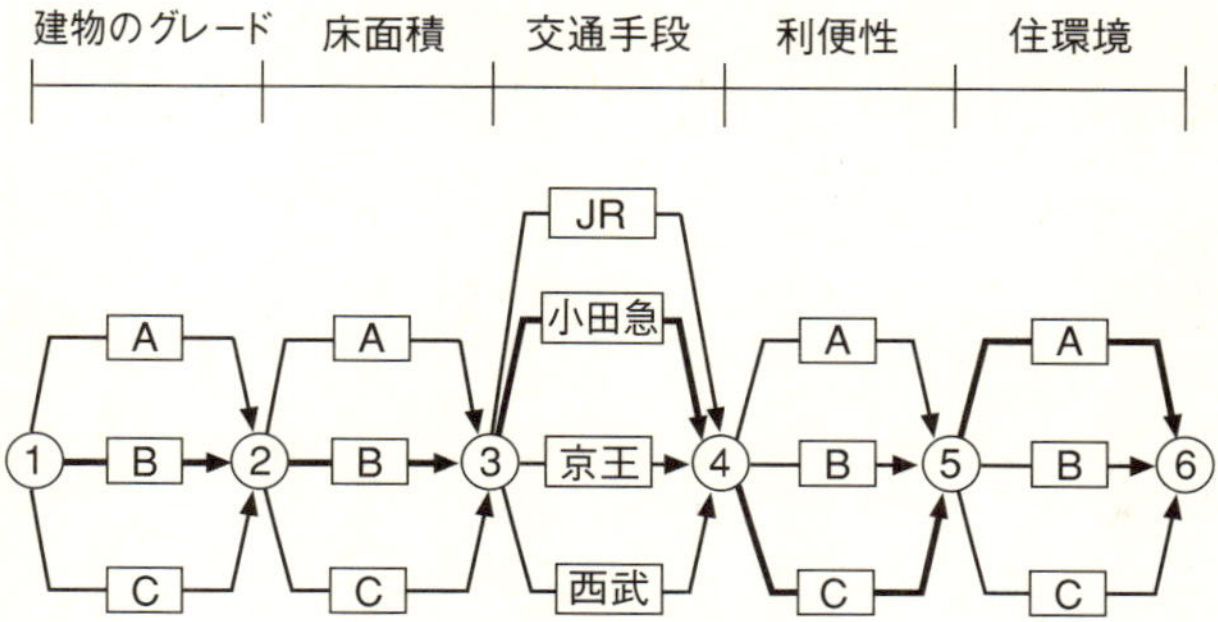
建物のグレード
床面積
交通手段
利便性
住環境
JR
小田急
京王
西武
A
B
C
1
2
3
4
5
6

（注）組み合わせの数　3×3×4×3×3＝324
A：標準より上　B：標準　C：標準より下

図4-5　マイホーム探しのためのネットワーク

と、組み合わせの数は三二四通り（3×3×4×3×3＝324）に増えます。

つまりこの計画では、論理的には三二四通りの計画案の中から一つの案を選ぶことになるわけです。もちろん組み合わせの中で明らかに条件に外れているものや、非現実的なものがあれば、それらはどんどん落としていって、最後に残った有望な組み合わせについて本格的に検討することになります。

思考法❷　ものの見方を逆転させる

ものを逆の方向から見た落語やユーモアは少なくありません。次もその一つ。

あるお年寄りが、初対面の人に奥さんを紹介しました。するとその人には彼女がことのほか若く見えたので、そのことを何気なく他の人に話しました。すると、その話がまわりまわって件《くだん》のお年寄りの耳にまで達しました。普通なら夫は妻が若く見られて悪い気はしないはずです。ところがこのお年寄りは「わしをひどい爺さんのように言いふらしやがって！」と怒ったそうです。

これは私自身の体験ですが、あるとき友人にとても写真写りのよい写真を見せられたので、「フォトジェニック（写真写りがいい）ね」と褒めました。すると友人は「実物はこれより悪いということだね」といって、二人で大笑いしたことがあります。

逆の視点からものを見た諺も少なくありません。「夫婦は一心同体」は「夫婦は他人の集まり」になり、「芸は身を助く」は「芸は身の仇《あだ》」に変わってしまいます。

あるいは「とても効く麻酔薬が開発された」というニュースを聞いて、多くの人は「これで手術を受けるのが楽になる」と考えます。これに対して逆の視点から「これで外科医はますます切りたがるようになる」と考える人もいるでしょう。

本社をもっと税金の安いところへ移すことを考えていた社長が「人工衛星を打ち上げるコストが安くなってきたので、机と椅子を積んだ人工衛星を打ち上げて、『あれが我が社の本社です』と主張したら、いったいどこの国の法人税がかかるのか」といって、法律に詳しい社員に質問しました。はたして、あなたならどう答えるでしょうか……。

このように、視点を思い切って動かしてみると新しい提案が浮かんでくるものです。

「こうだから、こうなるだろう」という予測は、いかに合理的に組み立てられていても常に仮説の上に立っています。したがってどんな場合でも、その仮説の逆へ視点を移してものを考えることは可能なのです。

思考法❸ ものの見方を反対にする

ものの見方を反対にする（反対思考）と聞くと、前述の逆転思考と似ていると思われるかもしれません。どこが違うかというと、逆転思考はものを見る視点を自分の方から向こう側に移すのに対して、反対思考は現にある具体的な事実の反対を考えてみるところにあります。

たとえばノリ（糊）の基本的な概念は「接着したら簡単にはがれない」ですが、これを「簡単にはがれる」ノリにしたらどうなるか——というのが反対思考です。実際にこの反対思考で開発された付箋やメモ用紙が使われています。一定の付着力を持ちながら容易にはがせ、しかも何度でも繰り返せる優れものです。

デジタルカメラや携帯電話の写真機能が普及する以前には「使い捨てカメラ」が盛んに使われていました。しかしカメラには物品税が課せられます。そこでこれを「レンズ付きフィルム」に

ものの見方を逆転させたり反対にしたりすること

すると、カメラではなくなって物品税がかからなくなり、価格を安くできました。

トヨタの「カンバン方式」も、それまでの方法とは反対に「後工程が、前工程から必要なだけの部品を取る」と考えたことがきっかけでした。

株では昔から「人の行く裏に道あり花の山」という格言があるように、現在の通説や考え方の反対を考えることは有力な思考法の一つとされてきました。

ちなみにメーカーは、市場での製品の評価に神経を尖らせ、常に改良に努めています。そのためにある部品が壊れやすい、いたみやすいという評価に対しては、その部品をより丈夫にするという対応策がとられます。しかし、いたまない部品や部材の強度を落とすという反対思考は、なかなかできないようです。

政治、経済、社会政策等の広範囲にわたって反対思考の有効性を説いたハンフリー・ネイルは「通説反対は予測のための方法論ではなく考えるための方法論」だとし、その狙いの一つは「希望的観測や先入観を避けることにある」と述べています。

私たちは中間的なことではあまり間違えませんが、大きな前提ではしばしば判断を誤ることがあります。思考軸を大きく動かす逆転思考や反対思考は、思考の大きな前提が誤っていないかどうか検証する手段にもなるのです。

計画立案のポイント４

計画案を正しく評価する

評価の際の六つの落とし穴

いくつも計画案（代替案）があっても、実際に実行できる計画案となるとかなり数が絞られてくるはずです。そして最後には、その中からもっとも目的に適うと考えられる一案を選ばなければばなりません。そのためには、それぞれの計画案を評価する必要があります。その評価も、その案を採用したときにその結果がどうなるかを予測して評価しなくてはなりません。

その場合、評価のもっとも一般的な物差しは費用対効果比ということになります。しかし、そうした客観的な物差しで評価できる計画案は、実際にはごく限られてしまい、ほとんどが主観的判断や経験に頼らざるを得なくなるでしょう。

さらに入手できる情報は曖昧なものが多く、また先入観や既成の思考回路から影響を受けるので、評価にはどうしても偏りができてしまいます。では、そうした偏りを避けるにはどうしたらよいでしょう。

最良の防御策は、こうした落とし穴がどんなところにあるかを予め知ることです。そこで、計画案を評価する際に陥りやすい「評価の落とし穴」を列挙して、その背景をみていきましょう。

評価の落とし穴

① リスクを過小評価する。

② 過去の実績を過大評価する。

③ 〝当面の問題〟を過大評価する。

④　プラス面を過大評価する。
⑤　マイナス面を過度に恐れる。
⑥　不確実なことを嫌う。

これも一つずつ詳しく見ていきます。

落とし穴❶　リスクを過小評価する

どんな計画にもリスクが伴うので、その計画を採用した場合にどの程度のリスクがあるかを見積もっておかなければなりません。リスクには予算や期限といった一般的な制約の他に、その計画固有のリスクがあります。

たとえば登山計画には、登山道の状態に合わない靴では転落するとか、晴天のはずが急に悪天候になるとか、登山特有のリスクがあります。それらのリスクの許容限界を超えた登山計画を立てれば、事故を起こす可能性が高くなります。

企業が実力以上の借り入れをすれば経営があやしくなるし、個人の場合でも限度を超えたローンを組めば、家計が破綻するかもしれません。「日本の男がダメになったのは住宅ローンで男の小遣いが少なくなったから」という指摘もあります。株式投資も、最悪の場合にどの程度の損失が出るかを想定して、その金額が自分にとって許容限度内であるようにすれば、どんな場面でも慌てなくてすむでしょう。

ところが人間は、将来のリスクを過小評価する一方、自分の能力や知識を過大評価する傾向があります。そのことを証明する調査結果があります。

「自分の運転は、一般的なドライバーの平均以上だと思うか」と質問します。人間が自分の能力を客観的に評価できるなら、この質問に五〇パーセントの人は「ノー」と答えるはずです。しかし実際には八〇〜九〇パーセントもの人が「イエス」と答えているのです。

自分の能力に自信を持つことは決して悪いことではありませんが、リスクの許容限界を超えた行動に出てしまうことが少なくないのです。過度の自信は、リスクの許容限界を超えた計画を選ぶ原因になることを知っていてください。

また人間には、リスクを嫌って現状のままでいたいという習性があります。しかもこの傾向は、選択肢が多くなるにつれて強くなることが心理学の実験で知られています。そのため現状維持することのリスクがますます過小評価されて、より優れた計画案があっても、現状維持に近い計画案が選ばれるケースが少なくないのです。

落とし穴❷ 過去の実績を過大評価する

カジノや盛り場のゲーム店で大金を注ぎ込んでしまう人は、過去の勝負で大負けから一発逆転た経験のある人が多いといわれます。「今度もあのときのように……」という期待感がとめどなく膨らむ結果、やらないほうがよい勝負を延々と続けてしまうのです。

過去の成功体験が染み付いて、いわば「成功体験の犠牲者」になってしまうのです。

同じように、過去に実績を上げた計画や行動が高く評価され「同じ柳の下にドジョウは何匹もいる」と考えられやすくなります。

よく知っている案が高く評価され、親しみのない新しいタイプの提案が没になって、ありきたりの計画しか日の目を見なくなるのも、私たちのこうした性癖のためです。

落とし穴❸ “当面の問題”を過大評価する

目先の問題解決にウエイトをかけすぎるのが、私たち日本人がもっとも陥りやすい評価の落とし穴でしょう。目先の問題解決の積み重ねは、短期的によくても長期的に見るとまずいことがよくあります。「目先の妥協は高くつく」「すぐ役立つことはすぐ役立たなくなる」ことを知ってください。

目先の損得だけを狙ったリストラは、結局、経営の持続的な発展を拒んで競争力を損ねているようです。「今は当面の問題に全力投球でいこう」というのは日本人好みの台詞ですが、当面の積み上げが〝優れた全体〟になることはめったにないのです。

落とし穴❹ プラス面を過大評価する

農薬を使わない有機野菜栽培が害虫の温床をつくるように、この世の中のあらゆる物事にはプラスとマイナスの両面があります。ところが人間は、どうしてもプラスの面にだけ目が行ってしまいます。

カジノでは、短時間で数百万円手中にできるという点だけに考えが行ってしまい、たいていはあっという間に何百万円も失うという怖さには蓋をしてしまう人がいます。病気で手術を受ける場合も、手術の効果についいては説明を求めるが、手術のマイナス面についてはあまり知ろうとしません。

第二次大戦時のイギリス首相のチャーチルは、強い指導力で国を守り抜いたことで人気が高い政治家です。しかしドイツ軍に攻め込まれたソ連（現ロシア）への援助を急ぎすぎて、ファシズ

ついつい大当たりすることばかりを夢見てしまう

ムとコミュニズムとが共倒れするチャンスを潰してしまうという、自由主義諸国にとってのマイナス面の評価を怠ったという理由で、歴史家の批判を受けています。

中国にはこういった人間の習性を戒めるために「三利アレバ、必ズ三患アリ」（『韓詩外伝』）という教えがあります。

もちろん、何か新しいことを成し遂げようとするときには適度な楽観主義が必要なので、評価が著しくプラスの面に偏らない限りそれでもいいでしょう。しかし自分の能力に対する自惚《うぬぼ》れや未来に対する夢想を際限なく広げた計画は、危険です。

落とし穴❺　マイナス面を過度に恐れる

一般にはプラスの面に評価のウエイトが傾くのに、中には物事のマイナス面だけに目が行ってしまう人もいます。

不景気になると何となく悲観的なムードが広がって、実際には売り上げが一パーセントしか落ちていないのに、五〜六パーセントも下がったように感じてしまいます。不景気になると物事のマイナス面が強調されやすくなるからです。

たとえば生活習慣病でよく話題になるコレステロールにしても、検査値が高い人は、ガンにかかりにくいというプラスの面があるのに、悪い面ばかりが強調されているような気がしています。

落とし穴❻　不確実なことを嫌う

ちょっとしたパズルに挑戦してみてください。

白玉と赤玉が合計一〇〇個入った二つの箱があります。あなたには、箱Aには白玉と赤玉がそれぞれ五〇個ずつ入っていることが知らされます、箱Bの内訳は知らされません。そこで次の二つの問題です。

❶ 玉を一つ取ったとき、それが赤玉だったら一万円もらえるとしたら、どちらの箱を選ぶか。
❷ 白玉を取ったら一万円もらえるとしたら、どちらの箱を選ぶか。

あなたならどちらの箱を選びますか。実験の結果は、どちらの場合も箱Aを選ぶ人が多いことが分かっています。

この結果は当たり前と感じられるかもしれませんが、合理的とは言えません。第一の問題で箱Aを選んだ人は、箱Bの中には白玉の方が多いと考えていたはずです。ところが第二の問題で箱Aを選ぶということは、箱Bには赤玉の方が多いと考えていたことになってしまいます。

どちらの場合も箱Aを選ぶのは、箱Bの曖昧さが嫌われたからです。人には不確かさや曖昧さを必要以上に嫌う傾向があるようです。

多くの人が危険や損失を避けることには熱心ですが、不確かな利益を得るためのリスクに対しては、意外に消極的な姿勢しかとれないのは、この曖昧さを嫌う性癖のためです。

現状維持の計画が受け入れられやすいのは、こうした人間の性癖が災いしているのです。

不確実さのリスクをできるだけ回避する

私たちが不確かさを必要以上に嫌い、怖がるのは、不確かさそのものよりも、不確かさからくるリスクを避ける方法を知らないことが原因になっています。そこで、リスクをできるだけ回避する方法を紹介しましょう。

たとえば、ある計画で費用に不確定要因が多い場合には、「三点見積もり」という方法で対応することができます。これは次のような考え方に基づく見積もりです。

〝三点見積もり〟をする

三点見積もりの考え方

楽　観　値＝不確かな要因がすべて好ましい方向へ動いて、物事がすべて円滑に進んだ場合の見積もり値。

最可能値＝経験値から推測されるもっとも可能性の高い見積もり値。

悲　観　値＝不確かな要因がすべて好ましくない方向へ動いて、物事がすべて円滑に運ばなかった場合の見積もり値。

あることを成し遂げるのにA・B二つの方法があり、費用に不確定要因が多いので、三点見積もりをしたところ、表4−1のような結果が得られたとします。

	楽観値	最可能値	悲観値
方法A	3700万円	4600万円	5000万円
方法B	4200万円	4800万円	5400万円

表4−1　「三点見積もり」の例

この表を見て、うまくいかなかった場合でもできるだけ損失を少なくしたいと考えるなら方法Aを選びます。反対に、うまくいくケースに賭けたいという人は方法Bを選ぶのです。

三点見積もりは、プロジェクトの所要日数などを見積もる場合にも活用できる応用範囲の広い方法です。このような考え方を一般化すると、次のようなことがいえます。

安全第一で慎重の上にも慎重を期した計画にしたい場合には、各計画案の不確定要因が悪い方向へ動いた状況を想定します。そして、その中でもっともマイナスの少ない結果が期待できる計画案、つまり〝最悪の中の最善〟を選びます。格言風にいうと「最悪の事態を想定して舵を取れば、最悪の事態が回避できる」ということになります。

これに対して、多少のリスクは覚悟の上で、計画のよい面に賭けてみたい場合には、各計画案の不確定要因が望ましい方向へ動いた状況を想定して、〝最善の中の最善〟を選びます。

リスクの分散を図る

近世ヨーロッパの金融を牛耳ったロスチャイルド家の初代は、一八世紀末のドイツで基盤を確立し、全ヨーロッパに支店網を広げました。とくに彼の五人の息子たちにはフランクフルト、ロンドン、パリ、ウィーン、ナポリの各支店を担当させ、戦争の絶えなかったヨーロッパで、どの国が没落しようとも、同家の血筋と資産を保つように配慮しました。

日本でも関ケ原の合戦で、阿波の蜂須賀家の当主が、東軍・西軍のどちらが勝っても家が生き残れるように図っています。自身は西軍に、嫡子は東軍に味方したのです。

このようにリスクを分散することで最悪の事態に備えることができます。

リスク分散の代表格は財産の三分割法でしょう。

たとえば財産を現金、有価証券、不動産の三つに分けておきます。現金は増やすことはできませんが、とっさのときに役立ちます。有価証券は下落の心配がありますが、大きく増やせる可能性もあります。不動産は現金化するのに手間取りますが、財産としてはもっとも安定しています。

また株式投資では、一時期に集中せず買う時期を分散する、買う株式を日本株、米国株、インド株のように分散する、あるいは電機、自動車、薬品などの異なる業種に分散する、さらにそれを複数の銘柄に分散する――などがリスクの分散法として知られています。

こうしておけば、万一の暴落や盗難、あるいは火災などの災害に遭っても、最小限の損失ですみます。計画にはこのようなリスク分散の考え方を取り入れましょう。

リスクの許容限界を意識する

狩りでは獲物はどこまでも追いつめればいいかというと、必ずしもそうとはいえません。「窮鼠猫を噛む」ではありませんが、思いがけない猛反撃を受ける危険があります。

どんな計画にも不確かさからくるリスクは避けられませんから、最後にはある程度のリスクを引き受けなければなりません。しかしそれにも限度があります。実際にどこに限界線を引くかはそれぞれの計画、人によって異なりますが、限界のあることを心する必要は常にあります。

太平洋戦争で戦線を広げすぎた日本軍は、まさに許容限界を超えていました。ちなみに古代マケドニアのアレキサンダー大王の側近だったコイノスは、後退を知らなかった大王に「危険な攻

1941年12月8日（日本時間）未明、ハワイ真珠湾への奇襲攻撃に飛び立つ連合艦隊艦載機と見送る空母の乗員たち。リスクの許容限度を超えた戦争計画は、やがて日本を破滅させた。

撃は、どこかで限界を設けるべきである」と進言しています。

どこまで金と時間を注ぎ込むか、あるいは人手をかけるか。どれほどの利益を求めるか。その限界を心得ておかないと、取り返しのつかないことになりかねません。

いち早く変化の兆候を捉える

一六世紀のフランスの思想家モンテーニュは「私たちは、何事も始めのときに目を大きく開いて見ていなければならない。始めのうちは危険をみつけるのがむずかしいが、その危険に気づくほど大きくなってからでは、打つ手をみつけるのがむずかしいからである」といっています。

「人はガンで死ぬのではない。手遅れのガンで死ぬのだ」と指摘した名医がいました。たしかにガンも初期段階で発見できれば、それほど怖い病気ではなくなってきています。

不確かさからくるリスクへの対応もまったく同じで、初期段階で兆候を察知できれば大きな危機にならないように適切な手が打てます。それには「何でもない何か」に気づくことが大切です。

また「前車の轍《てつ》を踏まず」とか「人の振り見て我が振りなおせ」ともいいます。先輩や仲間たちの先行事例から、リスクを回避する方法や知恵が学べます。ぴったりの先例がなくとも、類推力を働かすことによって多くのことが学べるはずです。

リスクに備える

どのように手を打ったとしても、リスクを一〇〇パーセント回避することはできないので、万一の場合の備えを充実しておかなくてはなりません。

受験のように絶対に遅れては困る場合は、交通機関の万一の遅延に備えて、会場への経路を三つくらい知っておくことが大事です。

サラリーマンなら、自分の意に反して会社を辞めるような危機に遭遇したときには、備えのある人とない人では身の処し方がかなり違ってくるでしょう。また、そういった備えがあればリス

万一のリスクに備えておくこと

クのある仕事にも積極的に取り組めるというものです。

この備えは貯金が代表例ですが、健康や家族状況なども含まれる広い概念です。

「リスクを冒さずにとどまるか。万全の準備をしてリスクに臨むか」——とはある証券会社の広告の見出しですが、決定的な挫折を回避するためには、余裕のあるときに備えを固めておく必要があります。

また、充実した備えという防波堤があれば、新しいリスクへの挑戦も可能になってきます。

「最後の一歩」はアニマルスピリットで

さて、こうして選んだA計画も「こういった点でB計画より優れている」とはいえても、計画を実行した結果がどうなるかは、本当のところは誰にも分

最後はアニマルスピリットで決断すること

かりません。実際に結果が出るまではA計画が「正しい計画」かどうか、本当の評価はできないのです。私たちはせいぜい、正しい計画のステップを踏んで作成された複数の計画案の中から、それなりの評価基準に基づいて選んだ計画を「正しい計画」とするしかないのです。

したがって「これがベスト！」と考えられる計画案を選んでも、どこまでも不安や迷いがついてきます。たとえ自分が望んでいる方向へ踏み出すにしても、不安や迷いは決してゼロにはなりません。

では、そういった不安や迷いを克服して「最後の一歩」を踏み出させてくれるものは何でしょうか。それは、その人の心意気とか胆力あるいはアニマルスピリット（animal spirit）だと思います。経済学者のケインズも「われわれが何か積極的なことをするのは、やむにやまれぬ衝動としてのアニマルスピリットによる」といっています。

最後に残るリスクと対峙する姿勢には、人によって、また組織によって大きく差があります。

それはどのようなリスクも気にしない無謀者と、どのようなリスクも敬遠してしまう臆病者を両極端にした、その間のどこかに位置していますが、その位置は「やむにやまれぬ衝動」としてのアニマルスピリットによって、大きく左右されるはずです。

第5章

プロジェクト・マネージャーに求められること

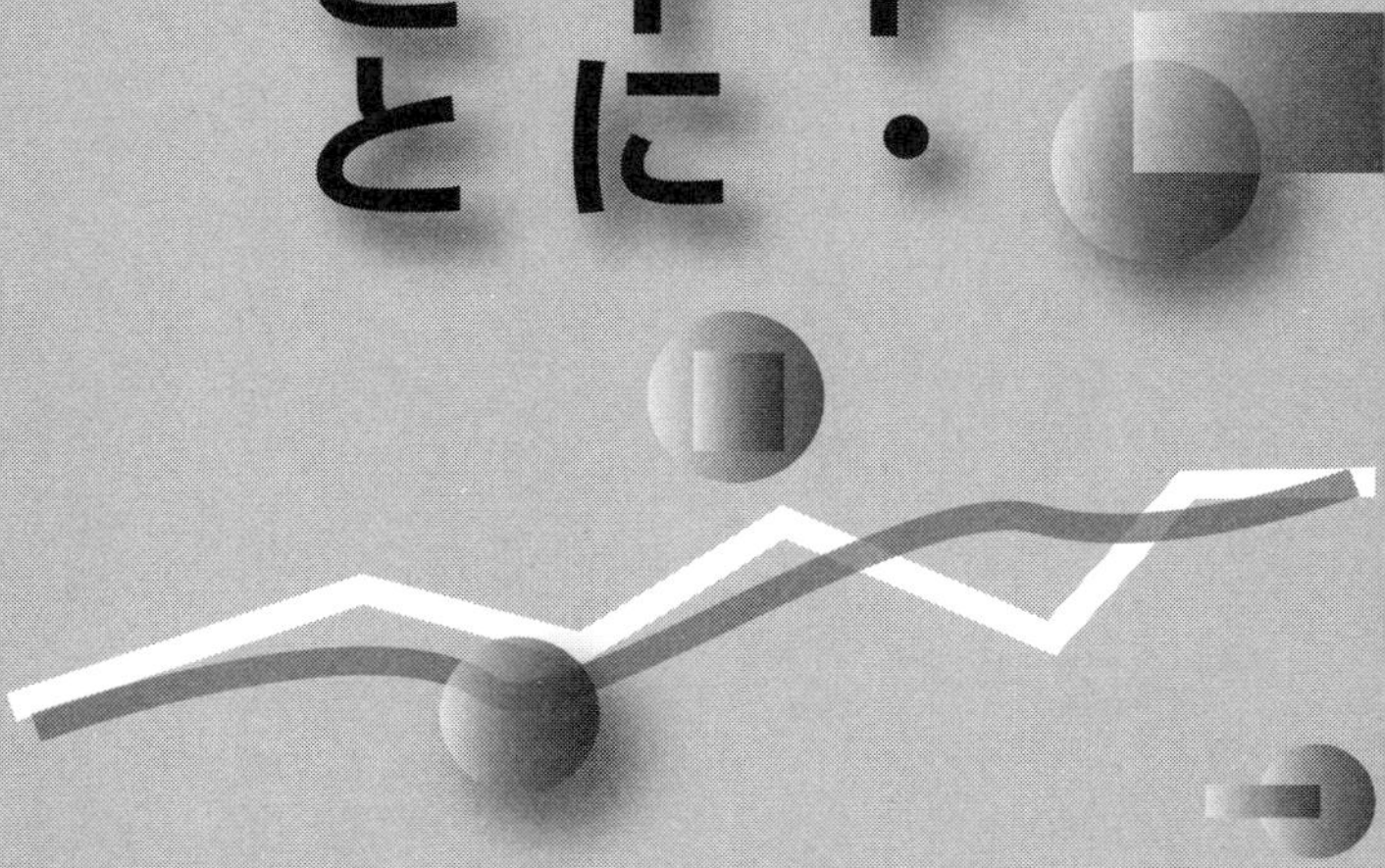

計画実行のキーパーソン

最近は、何か新しいことに取り組むときにプロジェクトチームが組まれます。これは扱う問題が複数の領域にまたがることが多くなってきたからでしょう。

プロジェクトとは「特定の目的のために、特定のメンバーで、特定の期日までに遂行される一回性の仕事や問題解決」です。考えようによっては、人生も一定の時間軸に沿って解決を迫られるさまざまなサブ・プロジェクトを抱えた、生まれてから死ぬまでの一大プロジェクトといえるのではないでしょうか。

こういったプロジェクトタイプの計画の実行には、計画力のあるプロジェクト・マネージャーが欠かせません。計画の成否は、組織のトップやプロジェクト・マネージャーのリーダーシップにかかっているからです。

たとえば中部国際空港（セントレア）や二〇〇五年の愛知万博（愛・地球博）が、寄り合い所帯にもかかわらず成功したのは、日本最強の企業グループのトヨタがヒト、モノ、カネ、知恵で全面的にリーダーシップを発揮したからだといわれています。

しかし昨今はそういったケースはむしろ例外に近く、実行段階でつまずく計画が多くなってい

2004年6月24日、中部国際空港（セントレア）着陸一番機から降り立った石原国土交通大臣（写真左）。ぬいぐるみはセントレアのマスコット「フー」と愛知万博のマスコット「モリゾー」。セントレアも愛知万博も、トヨタグループの強力なリーダーシップが成功を導いた。 ©共同

ます。構想を練って計画をつくる人、それを実行する人、さらに最終的に権限を握って責任をとる人などが、それぞれバラバラに考えて動くために、プロジェクトチームとしてまとまった力を発揮できなくなるからです。

これはいうまでもなく、リーダーシップを発揮して、それらを調整して一つの方向へ導いていくプロジェクト・マネージャーが不在だからです。これではいかに優れた技術者・実務者が結集しても、よい結果が生まれるはずがありません。

ではプロジェクト・マネージャーにはどんな役割があり、どのような資質が求められているかを見ておくことにします。

プロジェクト・マネージャーに求められる四つのこと

プロジェクト・マネージャーに求められる四つのこと

昔から土木・建築の仕事は、専門を異にする技術者集団によって目的（工事）の遂行が図られてきたプロジェクトタイプの仕事です。仕事の内容も条件も現場によって異なるので不確実な要因が多く、施工の途中で計画段階では予測できない問題が起きることも珍しくありません。また問題が起きた場合には、企業内に蓄積されているノウハウを結集し、プロジェクト・メンバーが中心になって、一定の時間内に解決しなくてはなりません。

したがって土木・建築のプロジェクト（工事）が成功裡に終わるかどうかは、現場の責任者であるプロジェクト・マネージャー（現場の作業所長）の力量にかかっていることが、昔から認識されていました。

そういったことがあって、私は優れたプロジェクト・マネージャーを何人も見てきています。その経験から、プロジェクト・マネージャーには次の四つの資質が要求されていると考えるようになりました。

1　計画の本質を捉えられること。
2　システム思考に基づいて物事が進められること。
3　迅速な意思決定ができること。
4　関係者を説得できること。

では、これを一つずつ見ていきましょう。

プロジェクト・マネージャーに求められること　1

計画の本質を捉えられること

有能なプロジェクト・マネージャー

中国東北部での国益を争った日露戦争で、満州軍参謀長として指揮をとった児玉源太郎は、戦費調達のための外債募集で欧米に向かう日銀副総裁、高橋是清を「心配するな、第一戦は必ず勝つ。ロシアの三倍の火力と三倍の兵力でぶつかるから、必ず勝つわけだ」といって送り出しています。

また連合艦隊司令長官だった東郷平八郎は、艦隊決戦における勝敗の鍵は大砲の命中率にあるとみて、兵員の訓練の目標をこの一点に絞ります。そのため敵の港湾を封鎖する訓練中の艦であろうと、航走中の艦であろうと、砲手の訓練だけ徹底的に続けさせました。さらに砲弾に詰める炸薬《さくやく》も、それまでの黒色火薬から、すさまじい爆発力のある下瀬火薬（海軍技手の下瀬雅允《しもせまさちか》が実用化したピクリン酸を主成分とする爆薬）へ切り換えました。

いずれも戦争の本質を的確に捉えていて、太平洋戦争当時の指揮者にみられたような、空虚な精神主義はまったくありませんでした。二人が有能なプロジェクト・マネージャーであった証拠です。

経験や知識に裏打ちされた勘を持つこと

プロジェクト・マネージャーが計画の本質を捉えて、メンバーに目的や目標を的確に示せないと、プロジェクトは迷走してしまいます。では計画の本質は何によって捉えられるかというと、これは経験や知識に裏打ちされたある種の勘といえるでしょう。

昔の建築現場には勘の鋭い技術者がいて、図面を見ただけで「この建物はこのくらいでできる」といった概算ができたそうです。しかも実際に綿密に見積もった結果とそう違わなかったというから驚きです。やはり本質を捉える専門的な勘が働くのでしょう。

建設関係の作業所では、工事が遅れ始めるとよく工程を再検討する会議が開かれます。そこにベテランの作業所長が出席すると「この現場は確かに工程が遅れぎみだが、あと半年もすれば必ず取り戻せるから心配するな。それよりも順調にいっているように思われているもう一つの現場のほうが、本来の軌道に乗っていないから、工程の短縮を検討するならむしろそちらへ目を向けるべきではないか」といったような意見を出しています。

プロジェクトタイプの仕事は、最初の段階では、理詰めの論理思考よりも、むしろ状況対応型の思考が要求されます。それには単なる経験や知識だけでなく、それらを背景にした専門的な勘が働かなければなりません。さらにそれだけでもまだ不十分で、そのプロジェクトをこういった条件で、ぜひとも成功させなければならない真の意味とか、成功のキーファクターがどこにあるかを見抜ける豊かな感性も必要です。

プロジェクト・マネージャーにはそのような資質の人を選び、また選ばれた人は、そのような資質を身につけるよう努めなければなりません。

システム思考に基づいて物事が進められること

旋回飛行のためのシステム・マネジメント

たとえば軽飛行機のセスナを操縦していて、右旋回するとしましょう。

まず操縦輪（ホイール）を右に回します。すると右の補助翼が上がり、左の補助翼が下がって機体が右に傾きます。同時に右のペダルを踏み込んで尾翼の方向舵を右に曲げます。これで機体は右旋回します。ところがこれだけでは速度が落ちて飛行高度が保てません。そのため片手でスロットルを引いてエンジン回転数を上げる必要があります。

ホイールを回しただけでは機体が傾くだけです。ペダルを踏み込んだだけでは横滑りしてしまいます。スロットルを引くだけでは速度があがるばかりです。それぞれがどんなにスムーズに働いても、右旋回はできません。

つまり右旋回するという目的のためには、左右の補助翼、方向舵、エンジンそれぞれの働きがシステムとして統合されなければならないのです。それを行うのがシステム・マネージャーとし

システム思考・管理が結実した月面有人探査　©NASA

ての操縦士の働きになります。

システム思考・管理の勝利

一九六九年に人類初の月着陸を果たしたアメリカの「アポロ計画」では、参加企業が約二万社、技術者は約三五万人、ロケットに組み込まれた部品点数が三〇〇万点以上といわれています。したがってこの計画の成功の鍵は、画期的な新技術の開発よりも、むしろこれら無数の要素をいかにシステム化できるかに負うところが大きかったのです。

当時、打ち上げロケットの性能も宇宙滞在の経験も、ソ連（現ロシア）がアメリカを圧倒していました。そのソ連を追い抜いて月着陸を果たしたのは、システム思考・管理の勝利です。

このときプロジェクト・マネージャーとして辣腕《らつわん》

をふるったのがヴェルナー・フォン・ブラウン（一九一二〜一九七七年）です。彼は当初、ナチス・ドイツの天才的なロケット技術者として知られていました。しかし現在では、むしろ人類を初めて月着陸に導いた偉大なプロジェクト・マネージャーとして記憶されています。

何か問題が起きたとき、プロジェクト・マネージャーはその問題の解決ばかりに囚われていてはダメです。その問題がシステム全体の中でどのような位置にあって、どこに、どのような影響を及ぼすかを見極めて対応する必要があるからです。

ところが、私たち日本人が、このようなシステム・マネジメントが苦手なことは、すでにくりかえし述べた通りです。

相互理解を図る

高度にシステム化されると、必然的に担当領域は細分化されてしまいます。そのため自分が直接関係しない領域では、他の人が何をしようとしているのか、その狙いや本質が理解しにくくなっています。

そこでプロジェクト・マネージャーは、関連する分野の人たちを一堂に集めて、お互いがやろうとしていること、やらなくてはならないことを、ともに理解し合える場をつくる必要があります。またメンバーは、その場を通して、自分がやろうとしていることと他の人がやろうとしていることの相互関係を、互いに確認し合わなければなりません。

土木や建築の現場で工程計画を立てるときには、よくその道のベテランが集まって知恵を出し合います。私が配属になったある現場では作業所長が、新入社員を含めて全員がこの会議に出席するように指示していました。「参加して意義のあるのはオリンピックだけではない。新入社員もこの会議に出席し、新入社員らしいアイデアを出せ」というのです。

後で新入社員にきいてみると「自分に与えられた仕事と並行してどんな仕事が進行しているのかよく分かった。そして自分の仕事がどんな仕事と関係があるのかもよく理解できた」そうです。

プロジェクト・メンバーが計画全体を鳥瞰できれば、計画達成の大きな力になります。

プロジェクト・マネージャーに求められること　3

迅速な意思決定ができること

プロジェクトの進行の途中でも、いつ、どんな問題に直面するか分かりません。そのたびにプロジェクト・マネージャーは、不確実な状況下で迅速で的確な意思決定を迫られます。部下や関係者が判断を求めてきたとき「決まらない、決められない」人は、プロジェクト・マネージャーとしてもっとも大切な資質を欠いていることになります。部下は自分の提案を「イエス」でも「ノー」でも、とにかく決めてほしいのです。

ところがこうしたとき、とかく曖昧な態度で決定を長引かせてしまうのが、日本の管理者の平均像でしょう。一方、部下にしても「選択の対象にすべき案はこれとこれです。そして、それぞれにこういう結果が予測されます。いずれに決めるかは、私ではなく、あなたです」と上司に選択・決定を迫ったりはしません。

米国のニクソン、フォード大統領政権で大統領補佐官や国務長官だったヘンリー・キッシンジャーは、大統領に対して、問題解決の方法と選択の仕方については意見を述べても、どの案やどの方法がいいという意見は決して述べなかったそうです。大統領が最高責任者の英知と責任において決めることが、大局的に見てもっとも賢明な選択になることを、経験を通して知っていたからだといっています。

もちろん、大事な決定になればなるほど不確定要因が多くなるので、不安や迷いが多くなります。しかし意思決定に際しては、そうした不安や迷いをどこかで断ち切らなくてはなりません。

したがってプロジェクト・マネージャーにも、128ページで述べたような、リスクを引き受けるアニマルスピリットが欠かせません。

プロジェクト・マネージャーに求められること　4

関係者を説得できること

奮い立たせる言葉

これはある中小企業の話です。バブルが崩壊した連鎖反応で大事なお得意さんが倒産の危機に瀕しました。このとき、その得意先の営業担当責任者は自宅を担保に借金して支援しました。

このことをそれとなく耳にしたこの中小企業の社長は、この営業担当者に「お前には将来があるんだから、そこまでしなくていい。私はそのうちお前より早くいなくなるのだから、私の名前で金を借りまくれ」といって自分の実印をその社員に渡したそうです。

社員が苦境に陥ったとき、社長は「自分は逃げないぞ」という姿勢を示したのです。

プロジェクト・マネージャーには、ここぞというときに人を奮い立たせる能力がなければなりませ

福岡ダイエー（現ソフトバンク）ホークスの王貞治監督。選手たちをのびのびとプレーさせて日本シリーズを制した。
ⓒ共同

ん。それには人間の機微に通じている必要があります。

プロ野球で二〇〇三年の日本シリーズを阪神と戦ったダイエー（現ソフトバンク）の王監督は「最初から勝とうと思わないで、三敗まで許されると考えるべきだ」と選手たちにいったそうです。そういわれた選手たちは緊張が解けて、のびのびとプレイできたと聞きました。

誰しも「この計画は二〇日で完了するように」と一方的にいわれるよりも、「君なら、この計画は二〇日もあればできると思うが、どうだろう」といわれたほうが意欲はわくでしょう。

「絶対失敗するな」といわれると、当然、失敗しないように努力しているスタッフはあまりよい感じはしないはずです。

プロジェクト・マネージャーの一言が、メンバーの意欲を奮い立たせもすれば、やる気を失わせることもあるのです。

説得できる言葉

私にもこんな経験があります。大型量販店から依頼されて、出店のために広域の土地買収をやったときの話です。

出店計画地の一部に大きなパチンコ屋さんがあって、そこの土地だけは誰がどんなに通っても、売ってもらう話がつけられません。これに対して量販店の方からは「それではこの土地は印象が悪いので断念する」といわれてしまいました。そこで私が出掛けていく羽目になりました。

パチンコ店の主人に会いにいくまでに、時間を割いて随分パチンコをやってみました。そして会ったときにこんなふうに話しました。

「最近はパチンコ屋さんの景品に果物から缶詰まで置いてあるので、量販店との違いは、欲しいものを手にする前にゲームをするかしないかの違いだけになってきましたね。だったら、出店する量販店には私が話をつけますから、この土地を売られて、量販店の一階のここならと思われるところへテナントとして入られて、現在の商売を続けられたらどうでしょう。きっと得るところ

すべての利害関係者を説得できること

がありますよ……」

私はその後もパチンコに関する本や資料を持参して、このパチンコ屋のご主人とギャンブル論を交わしていましたが、そのうちに土地を売ることを承諾してくれました。そこで私は量販店のオーナーのところへ出向いて、こう説得しました。

「量販店には、私もよく家内といっしょに出かけます。でも、いつも待っている間が手持ち無沙汰で困るんです。一階の片隅にパチンコをやれるところがあると、息抜きになると思うんですが。今度の店にはテナントとしてパチンコ店を入れてみてはどうでしょう。あそこの立地ならきっと相乗効果が期待できます……」

こうして両者を説得することができ、計画断念の瀬戸際までいったこのプロジェクトを成功裡に終わらせることができました。

　プロジェクトの成否を左右するのは正式のプロジェクト・メンバーだけではありません。そのプロジェクトに利害のあるすべての人に関係があるので、その人たちの理解を得る説得力も、プロジェクト・リーダーに欠かせません。

第6章

計画をどのように実行するか

計画実行の四つのポイント

どんなに優れた計画でも、実際にその通り実行されなければ何の意味もありません。優れた計画を作る能力とそれを実行する、あるいはそれを実行させる能力は車の両輪のようなもので、どちらを欠いても目的・目標は実現できません。

これはプロジェクトタイプの計画に限られたことではありません。個人的な計画についてもいえることです。

そこで最後に計画の実行段階で心掛けなければならないポイントをみていきます。それは次の四つです。

計画実行のポイント

1　計画の勘所を押さえる。
2　計画の人間的側面に配慮する。
3　段取りと手順を大事にする。
4　計画の実行をフォローアップする。

では、これらを一つずつ詳しくみていきましょう。

計画実行のポイント 1

計画の勘所を押さえる

システムとして捉える

組織や世の中は、複雑な要因が関連し合うネットワークを構成し、あらゆる物事が互いに関係し合って動いています。ところが最近の日本の社会は、その動きをシステムとして捉えると、ほころびが目立つことばかりです。

世界一多い病院のベッド数がありながら、看護師さんが足りません。役所では課が違うと外国、それも敵国へ行ったみたいだといわれたりしています。公害や環境問題もシステム的な問題解決が図られないと実効があがりません。皆さんの会社でも、一つ一つの課内でみると高能率で仕事しているのに、会社全体でみると低能率だったりしていませんか。

いずれも部分と全体の関係が正しく捉えられないために起きる問題です。

部分と全体の関係を正しく捉えるには、システム・エンジニアリング的な考え方が必要になります。システム・エンジニアリングとは、システムを構成する各要素の相互関係を分析して、インプット、プロセス、フィードバック、コントロール、アウトプットなどの機能が、システム全体として最適化するように設計する手法です。

またシステム概念を背景に、いろいろなマネジメント手法が誕生しました。そして日本にはアメリカで開発されたＰＥＲＴやネットワーク手法などが導入されました。

じつはこれらは、一九六五年に私がいち早くブルーバックスの『計画の科学』で日本に紹介した手法です。ところが日本では、これらの手法のテクニック面だけがひとり歩きして、手法の背景になっている考え方が忘れられています。そのためにこれらの手法は、本当の意味で日本に定着したとはいえません。

これは、多くの企業がトヨタの生産方式を取り入れたにもかかわらず、成功例が少ないのと似ています。トヨタの歴史や考え方を理解せずに表面的なことだけを真似てしまうからです。

そういえば福沢諭吉の文明論に「外の文明はこれを取るに易く、内の文明はこれを求むるに難《かた》し」とあります。外に現れる事物は採用しやすいが、内にある精神を学ぶのは難しいということです。これにならえば「手法の外形は取るに易く、その精神はこれを求むるに難し」ということになるでしょう。

システムとは

そこでシステム概念の一端を理解していただくために、次ページ図6-1のようなネットワーク（工程表）を用意しました。

この図で各矢線は、95ページ図4-3のライフプランと同じように、時間を必要とする諸活動（アクティビティ：以下「作業」とよぶ）を表します。各矢印のかたわらに記されている数値は、その作業に必要な日数を示しています。そしてマルから出ていく矢線（作業）は、そのマルに入ってくる矢線（作業）がすべて終わったときにスタートできるという、この手法の約束事に従って描かれています。

たとえば作業Bは八日で終わります。しかしそこから次の作業Eや作業Fには、八日かかる作業Bと六日かかる作業Cを完了してからでないと、とりかかることができない、というようにみていきます。したがって作業E、Fは一〇日経過した後でないと着手できません。

ではここで、次ページ図6-1のネットワークをにらんでみてください。次のようなことが分かってきます。

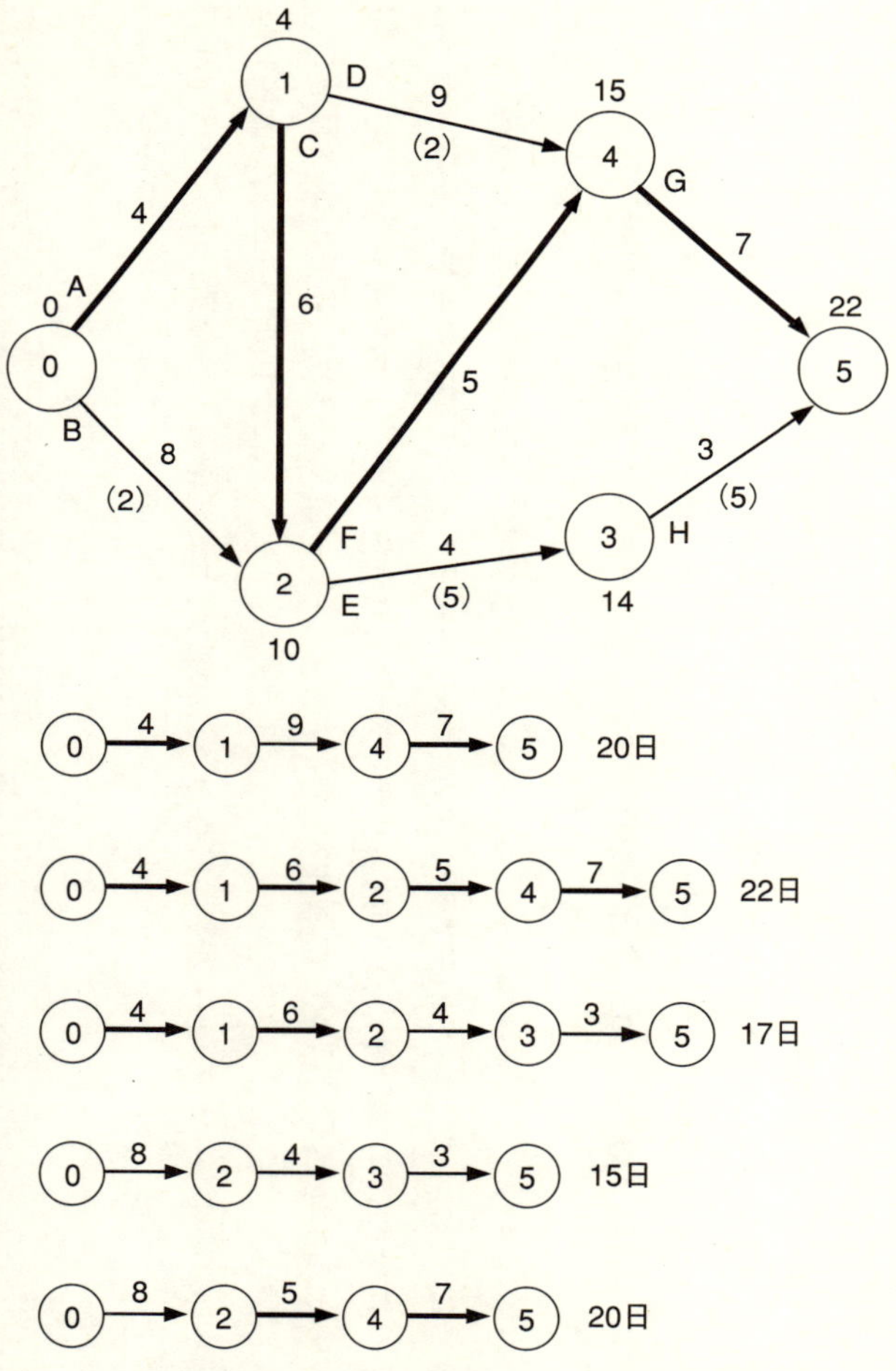

（注）各マルの傍の数字は、そのマルから出ていく作業が着手できる状態になる経過日数。

図6−1　システム概念説明のための工程表

❶ このネットワークで最初の⓪から最後の⑤に至る経路は全部で五通りあること。
❷ 太線の経路が時間的にもっとも長い経路になっていること。
❸ したがって、このプロジェクトを完了するまでに二二日かかること。
❹ 太線の上の作業が遅れると工期が延びること。
❺ 太線以外の作業は、括弧内の数値の範囲で遅れても、二二日という工期を守れること。
❻ ただし作業Eが五日遅れた場合は、作業Hは三日でやる必要があること。

したがってこのプロジェクトの工期を守るためには、太線の上に乗っている作業を重点的に管理する必要があることが分かります。そのため工程管理では、このような重要な経路をクリティカル・パス（critical path）とよんで、重点管理の指標にします。つまりここが工程管理の勘所になるわけです。

なお、このようなネットワーク表示はいろいろなことに活かせます。

たとえば図6-1を道路網に置き換えると、矢線の数字は、車がその区間を通過する所要時間に置き換えることができます。すると、⓪から⑤に至る経路の中でもっとも短い経路、つまり⓪

→②→③→⑤が目的地に最短時間で行ける経路であることが分かります。

やらなくてもいいことはやってはいけないこと

こうした手法や考え方で、計画の勘所をつかむことができますが、私たち日本人はシステム思考が重点管理につながるという考え方に、なぜかなじめないところがあるようです。物事の重要度には強弱があるはずなのに、日本人はあらゆることを木目細かにやらないと気がすまず、それこそが管理だと思い込んでいるからです。

そういえば、ひと頃、東北新幹線は「雪に弱い」と評判が悪かった時期がありました。しかしこれも、一〇〇年に一度しかないような豪雪に耐えられるように設計したら、たいへんな費用が必要になります。一〇〇年に一度の豪雪になったら運休すればいいのです。そんな事態への備えにお金をかけることは、むしろ「してはいけないこと」なのではないでしょうか。

経営学で知られているピーター・F・ドラッカーは著書の『未来への決断』（上田惇生／佐々木実智男／林正／田代正美訳）の中で「大統領になるための六つのルール」を挙げています。その一つは「大統領は細かいマネジメントにタッチしてはならない」というもので、「やらなくともいいことは、実は大統領がやってはならないこと」なのだそうです。

中国にも同じような考え方があって、荘子は二三〇〇年も前に「人が分別にとんだ行動を欲するなら、どうしてもやらなければならないことだけをすべき」だといっています。

重要度の強弱を見極められないと、やらなくてもいいところまで力を入れてしまって、本来やるべきところに力が入らなくなってしまうからでしょう。

「やらなくてもいいことはやってはいけないこと」と心得て、本当にやらなければならないことに力を注いでください。

計画実行のポイント2

計画の人間的側面に配慮する

東京の郊外に住んでいて、定年後は、住まいを都心へ移して、都心での生活を夫婦二人で心ゆくまで楽しみたいとかねてから計画していた知人がいたので、私も物件探しに随分協力しました。ところが、この計画を奥さんに説明した途端に「私は今の住まいを絶対に動きたくありません」と宣言されてしまいました。

私たちは人間関係のネットワークの中で生きているので、計画の人間的側面を配慮しなくてはなりません。組織の中ではなおさらのことです。人を動かすことができなければ、この知人のように動きが取れなくなって、折角の計画も机上の空論になってしまいます。

したがって人間関係のネットワークを大切にする必要があります。また、そのネットワークを広げていく必要があります。

私は分からないところがあると、よく「この人なら」と思う先輩のところへ遠慮せずにききに行ったものです。「初歩的なことで誠に恐縮ですが」と切り出すと、ほとんどの先輩はこころよく教えてくれました。さらにそれをきっかけに、新たな人間関係の輪が広がっていきます。

52ページで紹介したPERTの採用に情熱を燃やしていたときにも、人的側面の大切さを知りました。デジタル時代の今なら、本部長宛に「画期的なこの手法を採用しない建設会社は、そのうち時代遅れのミイラになる」とでも打ち込んだeメールですませることができるかもしれません。しかしそれであの計画が実行されたでしょうか。やはり私が現場の人たちと向き合っている様子を知って、キーパーソンの本部長がバックアップしてくれたのだと思います。

また人間的側面に配慮すると、計画は緻密なほどよいとは限りません。緻密すぎる計画は関係者の参加意識を低下させて、力量を発揮する余地をせばめてしまいます。精密機械のように緻密に組まれた計画には、人間関係も含めて、突発的なトラブルを吸収する力がありません。緻密に組み立てられた計画が挫折するのは、じつは計画にはこうした側面があるからです。

計画実行のポイント 3

段取りと手順を大切にする

段取りと手順

経済学者のシュンペーターは、イノベーション（技術革新）を経済学の中心に据えました。その内容は、いうまでもなく工学的な技術革新を含みますが、それよりもはるかに広い概念になっています。たとえば物流を一変させた宅配のような〝やり方〟の革新も、イノベーションに入れています。

そこまで大げさなものでなくとも、私たちの身近な問題で〝やり方〟を変えるとよいことはたくさんあります。しかしそれをみつけるためには、まず〝やり方〟に関心を持つことが肝要です。持って生まれた才能はそんなに違わないのに、実行した結果に差が生まれるのは、〝やり方〟に無関心な人が多いからでしょう。

いうまでもなく、仕事だけでなく勉強も〝やり方〟を心得ている人とそうでない人では、しだいに大きな差が出ます。

〝やり方〟とは段取りや手順のことです。

「段取り八分」といわれ、何をやる場合でも下準備がどれだけ適切かで作業のよしあしが決まり、ひいては計画の成果が左右されます。

たとえば自動車メーカーのトヨタでは、グループ全体で段取りの改善に取り組み、素晴らしい実績を上げています。しかも普通は機械に仕事の段取りを合わせるのに、トヨタでは仕事の段取りを優先させて、機械をそれに合わせています。

ちなみに最近の脳科学の知見では、脳で消費されるエネルギーの八〇パーセントは神経伝達物質の準備段階、つまり段取りに使われているそうです。

しかしこわいのは手慣れてからです。いつのまにか脳の中にそれ専用の回路ができてしまって、他の段取りや手順に変えようという意識がなくなってしまいます。

手慣れた段取りや手順も、常に新たな工夫や試みを忘れてはいけません。

手順の大切さ

計画が実行段階に入ると、とくに物事を進める手順が大切になってきます。

無人島のロビンソン・クルーソーは、種をまく前に畑を耕し、畑を耕す前には作物に適した土地を確保するという作業の手順を知らなければ、作物はつくれなかったはずです。建築屋さんは、どんな手順で基礎をつくって、その上にどんな手順で足場を組んで、どうやれば図面通りの建物をつくれるか、その手順を知っています。外科医は、どういう手順で患部を切開し、脈拍や血圧などの数値をにらみながら、臓器のどの部分にどんな手順でメスを入れたらいいかを熟知しています。量販店の食品の並べ方は、料理の手順にしたがって並べたほうが売り上げが伸びることが知られています。

近頃は金持ちになるのにも手順があるらしく、たとえば「金持ちになるために必要なことは、事業でも貯蓄でもない。それは的確な手順と時機と場所を間違えないことである」という世界的大富豪もいます。

ビジネスの世界では「この計画を円滑に進めるためには、まずA社の了解を取って、それからB社と話を進めるべきだ」とか、「この商談を成功させるには、こんな手順を踏んで、こういった進め方をした方がいい」といったような手順のノウハウもあります。

捕鯨ではつがいのクジラの場合は、先にメスを狙うという、経験から生まれた手順がある。

経験から生まれる手順

さらに細部の作業手順になると、豊富な経験からくるノウハウが大事になってきます。

行動生態学では「人類は、その世代が獲得した知恵や知識が言葉によって蓄積されてきたから進歩したのであって、一人ひとりの人間の脳が毎世代、石器時代よりも進化して賢くなることによって進歩してきたのではない」という見方をしています。

手順は世代を超えて受け継がれ蓄えられてきた経験知の結晶で、私たちも次の世代へ確実に継承していくことが必要なのです。

たとえばかつて盛んだった捕鯨には、メス鯨を先に狙うという手順がありました。オスを先にするとメス鯨は逃げてしまうが、オスはメスが撃たれても逃げようとしないのだそうです。

まさに先人たちの経験の積み重ねから生まれたノウハウです。どこの会社にも、先輩社員が積み重ねてきたものがあるはずです。そこから生まれたノウハウが、会社を動かす大きな力になっていることはいうまでもありません。

ちなみに茶の湯は確立された手順の典型でしょう。千利休が一六世紀に大成した茶の湯は、お茶を美味しく喫するための器や空間のしつらえに至る段取りと手順を、合理的かつ美的にプロデュースした総合芸術で、日本人の美意識に多大な影響を与えています。

計画実行のポイント　4

計画の実行をフォローアップする

フォローアップの三つの原則

どんな計画でも実行段階に入ると、いろいろな修正や変更が必要になってきます。そのために計画した予算や期日からのズレを定期的にチェックして、そのままで進むと計画の最終結果がどうなるかを予測しなくてはなりません。そして必要なら適切な修正行動をとります。

機械や電気製品のメーカーが新製品を市場へ送り出すと、どんなところに故障が起き、どんな部品や部材がいたみやすいかを追跡調査（フォロー）します。あるいは民間企業は、資金の流れを手掛りに目標の達成度合いを知る（フォロー）手続き（決算）を毎期しています。

こうした計画の実行管理のことを、工程管理では「フォローアップ（follow-up）」とよんでいます。ここでその基本的な考え方を取り上げましょう。

フォローアップの三原則

① 現状を正しく捉える

② 将来を見通す

③ 思い切った軌道修正をする

これを詳しくみていきます。

原則❶ 現状を正しく捉える

荒れた状況の中でも現在地を正確に捉えること

フォローアップの第一ステップは、進行中の計画の現状を正しく捉えることにあります。

カーナビならＧＰＳ（全地球測位システム）を使って現在地を正しく捉えることができるので、遠くの見知らぬ目的地に到達することもできます。ところが計画には人間が介在するので、カーナビの現在地に当たる〝現状〟を正しく捉えることがとてもむずかしい。

たとえば土木・建築では、現場からは「予算オーバーで赤字になりそう」という報告があったのに、終わってみると案外黒字になっていたりすることがあります。「黒字になる」といって赤字になるよりも、「赤字になる」と報告しておいて黒字になるほうが印象がよいという、現場の思惑が働くからでしょう。

このように組織を通してあがってくる計画の現状についての情報は、数値情報を含めてデフォルメされている可能性が高いのです。そこで「都合のよい情報は三割引き、悪い情報は三割増しで受け取れ」といわれています。

また特定の人だけに提供される情報は、その人の地位が高くなるにつれて〝真の情報〟は急激に減っていきます。ベトナム戦争当時のジョンソン大統領は、ベトナムについてアメリカの指導者として、当然、知っていなければならない一番大事な事実、それもホワイトハウスの外では誰でも容易に知ることができる事実を、側近から聞かされていなかった、といわれています。それにもかかわらずジョンソン大統領は、あらゆる事実を熟知しているのは大統領である自分だけだと確信して、戦争の方針を決めていたと指摘する人もいます。

組織の中では、自分では計画の進捗状況を誰よりも正しく把握していると思っていても、肝心なことは何ひとつ知らされていないこともあり得るということです。とくに何人もの人を通して伝えられた情報だけを頼りにしていると、状況認識は事実から掛け離れたものになってしまいます。したがって計画の実施段階では、本当に役立つ情報をいかにして集めるかが、重要な課題になります。

この点については、松下電器の創業者・松下幸之助は、よく直接自分で足を運んで、部下にも

松下電器産業の創業者松下幸之助は、常に自ら足を運び、現場の声に耳を傾けて「真の情報」を得ていた。

のをたずねたそうです。そのときの様子が、松下さんがなぜ成功したかを書いた江口克彦氏の『成功の法則』にはこう書かれています。

「たしかに松下幸之助はじつによく部下にものを尋ねていた。必ず前傾の姿勢になり、相手の目を見てうなずき、部下に話をさせる。そして自分のわからないことについては、ためらいなく尋ねた。その簡単なことが、実に絶大な効果を発揮する(中略)。何度ものを尋ねていると、終《しま》いには部下が『こんな話がありました』『こんなアイデアはどうでしょう』と、自分から情報を持ってきてくれるようになる。」

松下幸之助が病気がちで、ときには寝室から出られないことが多かったにもかかわらず、あれだけの巨大企業を経営できたのは、情報がどんどん集まっていたからだという。ジョンソン大統領と松下幸之助の違いはここにあるようです。

原則❷ 将来を見通す

計画の現状が把握できたら、次に、このまま計画を進めると将来どうなるかを予測しなくてはなりません。それには現状を将来へプロジェクション（投影）して、このままでよいのか、それとも現在の時点で何らかの手を打たないとダメなのか、適切な見通しが必要になってきます。

サラリーマンなら、現在は与えられた仕事を順調にこなしているが、現在の経験は果たして自分が考えている将来のキャリアアップに繋がるかどうか、といったようなプロジェクションも必要でしょう。たとえ現在はうまくいっていても、このままでは将来たいへんなことになるという兆候を捉えることができれば、それなりの対策が立てられます。

では現状のままでいくと将来どうなるかを見抜くためには、具体的にはどうしたらいいでしょうか。まず計画からのズレが微調整ですむ範囲内のものかどうか見極めることです。

たとえば図6-2のように毎月の支出額の累計をグラフにします。曲線Aは本来の予算値の累計です。そして曲線Bは悪条件が重なった場合の悲観値を示します。ここに実際の支出累計値C

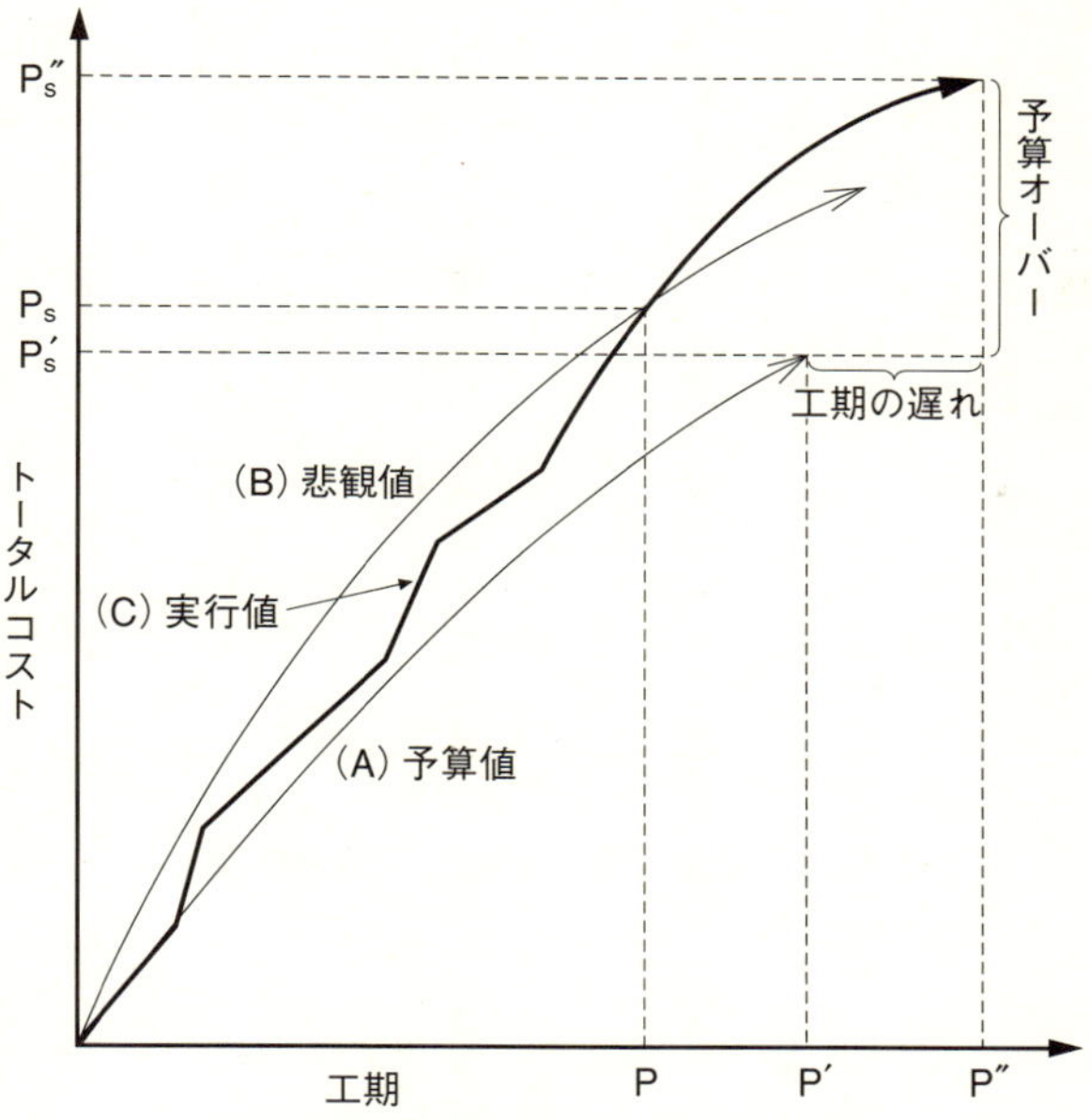

図6-2　現状を将来に投影した概念例

を書き加えてみましょう。CがA、B両曲線の間に入っていれば、微調整ですむ範囲のズレといえます。

これに対して、たとえば現状が工期PでトータルコストがPsになったとします。つまり実行値が悲観値をオーバーし始めたわけです。そこでこの時点で将来を見通したところ、プロジェクト完了までの工期P″が当初の予定P′より遅れ、トータルコストPs″も当初の予算Ps′よりかなりオーバーすることが分かったということです。したがってその原因を追究して、適切

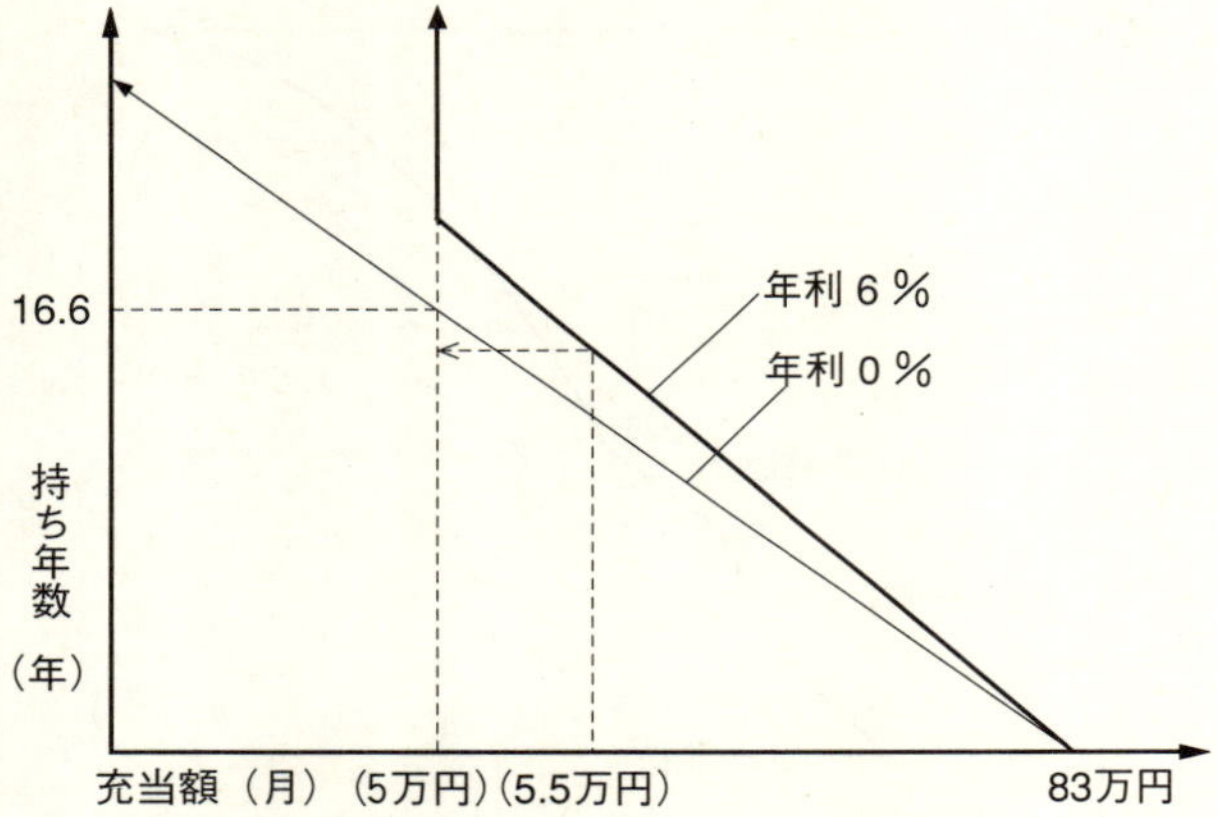

図6−3　毎月の充当金額と「持ち年数」

な手を打たなくてはなりません。

では今度はもう少し身近なことでこの問題を考えてみましょう。

たとえばある人が定年後の収入が年金だけになるので、手にした退職金一〇〇〇万円を銀行に預けて毎月五万円ずつ生活費に充てることにしました。貯金は果たして何年持つでしょう。

現在のコンマ以下の金利では利息はないのも同然です。したがって月五万円、年六〇万円ですから、一六・六ヵ年で貯金は底をつきます（図6−3）。

ではもしも銀行が年利六パーセントの複利で預かってくれるとすれば、この貯金は何年持つでしょうか。正確な複利計算は多少複雑になりますが、毎月の五万円は利息でまかなわれて元本は減りません。したがって持ち年数は無限になります。同様に年利三パーセントの複利なら、一生涯月二万五〇〇〇円を生活費に充てることができます。

こういった限界値（この場合は毎月五万円）を頭に入れておいて、たとえば毎月五万五〇〇〇円充当している場合には、これを五万円にコントロールできることが小金持ちになれる秘訣かもしれません。

しかし現在の日本では、銀行に預けてもコンマ以下の利回りです。したがって年利六パーセント以上で運用できる利殖の知恵を身につける必要があります。それは決してむずかしいことではありません。半年も勉強すればできることだという、その道の専門家もいます。

原則③　思い切った軌道修正をする

いったん始動してしまった計画を変更するのは、たいへんなエネルギーと勇気がいります。計画が始まってからの変更や修正は、はずみがついてしまうので、想像以上に思い切った行動をとらないとそのままずるずると行ってしまうものなのです。

とくに日本では、一度決めてスタートした計画の中止や大きな変更は失敗と受け取られて、素直に受け入れてもらえないところがあるからです。アメリカの社会のように、たとえうまくいかなくても周りの者が「It was a good try.（よくがんばった＝すてきな挑戦だった）」といって温かく見守るような雰囲気がありません。

また、どの組織にも「ここはこのように変えた方がいい」と主張する人はいくらでもいますが、そのことに自分の職責を懸けてまで直そうとする人はそういません。そのために組織としての中止や変更のタイミングを逃がしてしまうことが少なくないのです。

思い切った修正ができる気構えが必要です。外資系企業で秘書をしていた女性がこんなことをいっていました。

「日本での業績不振が続くと、あちらの会社はすぐ日本での責任者を換えてしまいます。そして新しく着任するボスが最初にやることはいつも決まっています。そこまでしなくてもいいと思うんですが、私の目の前で、前任者が保管していたファイルを、これ見よがしに捨て去るんです」

これは私が思うに「自分は前任者と違う。思い切った軌道修正をするぞ！」というデモンストレーションなのでしょう。ビジネスの世界では、そのくらいの意気込みで前任者と違う方向へ舵を切らないと、軌道修正はむずかしいのです。

軌道修正がむずかしい例は暮らしの中にもあります。

たとえば、家計費を節約して貯金する計画を立てても、なかなかうまくいかないのは、それまでの家計運営の流れに負けてしまうからではないでしょうか。

電気代を節約したり食費を抑えるのも一つの方法ですが、それでは暮らしぶりが悪くなるばかりで、その割に成果が限られます。それよりも家計費の中で大きなウエイトを占める項目に目を向けるべきです。たとえば車（自動車）を止めて自転車にするとか、子供に遺産を残したいという考えを改めて、残さないほうが子供のためになると考えを改めるとか、かなり思い切った軌道修正をやらなければ、大きな単位で資金を捻出することはできないでしょう。

おわりに

ここまで読み通していただいて、あなたが会社で取り組んでいる計画が、上手くいっていない場合にはその理由が、また上手く行っている人には、さらにその計画の成果を確実にする具体策がみえてきたでしょうか。

また誰にとっても一大プロジェクトであるライフプランについても、本書からそれなりのヒントを得ていただけたでしょうか。

パスカルは「人間は不確かさのために働く」という言葉を遺しています。計画力は、まさに不確かさに満ちた未来に挑戦する力です。本書によって、あなた自身があなたの深いところに眠っているエネルギーをよびさまして、未来に向かって新しい一歩を踏み出してくださるなら、筆者としてこんなに嬉しいことはありません。

N.D.C.509　174p　18cm

ブルーバックス　B-1552

「計画力《けいかくりょく》」を強《つよ》くする
あなたの計画はなぜ挫折するか

2007年5月20日　第1刷発行

著者　加藤昭吉《かとうしょうきち》
発行者　野間佐和子
発行所　株式会社講談社
〒112-8001 東京都文京区音羽2-12-21
電話　出版部　03-5395-3524
販売部　03-5395-5817
業務部　03-5395-3615
印刷所　(本文印刷) 豊国印刷株式会社
(カバー表紙印刷) 信毎書籍印刷株式会社
本文データ制作　講談社プリプレス制作部
製本所　有限会社中澤製本所

定価はカバーに表示してあります。

ISBN978−4−06−257552−2

発刊のことば

科学をあなたのポケットに

二十世紀最大の特色は、それが科学時代であるということです。科学は日に日に進歩を続け、止まるところを知りません。ひと昔前の夢物語もどんどん現実化しており、今やわれわれの生活のすべてが、科学によってゆり動かされているといっても過言ではないでしょう。

そのような背景を考えれば、学者や学生はもちろん、産業人も、セールスマンも、ジャーナリストも、家庭の主婦も、みんなが科学を知らなければ、時代の流れに逆らうことになるでしょう。

ブルーバックス発刊の意義と必然性はそこにあります。このシリーズは、読む人に科学的に物を考える習慣と、科学的に物を見る目を養っていただくことを最大の目標にしています。そのためには、単に原理や法則の解説に終始するのではなくて、政治や経済など、社会科学や人文科学にも関連させて、広い視野から問題を追究していきます。科学はむずかしいという先入観を改める表現と構成、それも類書にないブルーバックスの特色であると信じます。

一九六三年九月

野間省一